rowohlts monographien
begründet von Kurt Kusenberg
herausgegeben
von Wolfgang Müller

Maria Montessori

mit Selbstzeugnissen
und Bilddokumenten
dargestellt von
Helmut Heiland

Rowohlt

Dieser Band wurde eigens für «rowohlts monographien» geschrieben
Den Anhang besorgte der Autor
Herausgeber: Wolfgang Müller
Redaktionsassistenz: Katrin Finkemeier
Umschlagentwurf: Walter Hellmann
Vorderseite: Maria Montessori. Foto aus dem Jahre 1930
(Ullstein Bilderdienst, Berlin)
Rückseite: Blindes Mädchen mit Bausteinen, die in der richtigen
Reihenfolge aufeinandergesetzt werden müssen
(Aus: Renilde Montessori, Karin Schneider-Henn: Uns drückt
keine Schulbank. Stuttgart [Klett-Cotta] 1983)

Veröffentlicht im Rowohlt Taschenbuch Verlag GmbH,
Reinbek bei Hamburg, Juli 1991
Copyright © 1991 by Rowohlt Taschenbuch Verlag GmbH,
Reinbek bei Hamburg
Alle Rechte an dieser Ausgabe vorbehalten
Satz Times (Linotronic 500)
Gesamtherstellung Clausen & Bosse, Leck
Printed in Germany
1080-ISBN 3 499 50419 7

Inhalt

Kindheit und Jugend 7
Studium der Medizin 18
Lehrjahre 27
Itard und Séguin 36
Casa dei bambini 44
«Il metodo» 55
Die Bewegung 67
Montessori und Fröbel 83
«The Secret of Childhood» 92
Die späten Jahre 101
Der absorbierende Geist 111
Bildung des Menschen 120

Anmerkungen 129
Zeittafel 133
Zeugnisse 136
Bibliographie 138
Namenregister 152
Über den Autor 153
Quellennachweis der Abbildungen 154

Maria Montessori, um 1914

Kindheit und Jugend

Das Kind wird den Leidensweg Christi zu gehen haben. Der Beginn aber von alledem liegt in jenem ‹Ecce homo›. Hier steht ein Mensch, er trägt nicht Gott in sich, er ist wie entleert und ist bereits gedemütigt und gezeichnet worden von solchen Gewalten, die ihn hätten verteidigen können. Dann wurde er vor die Menge, vor die Autorität der Gesellschaft geschleppt.

Die Schule war für das Kind die Stätte größter Trostlosigkeit. Jene ungeheuren Gebäude scheinen für eine Menge von Erwachsenen errichtet. Alles ist hier auf den Erwachsenen zugeschnitten: die Fenster, die Türen, die langen Gänge, die kahlen, einförmigen Klassenzimmer... Die Familie ließ das Kind allein, verließ es an der Schwelle jenes Gebäudes... Und das Kind schien, weinend, hoffnungslos und von Furcht bedrückt, über jenem Tor Dantes Höllenaufschrift zu lesen: ‹Durch mich gelangt man in die Stadt der Schmerzen›, in die Stadt, wo das verlorene Volk wohnt, das Volk, von dem die Gnade sich abgewandt hat.

Eine strenge, drohende Stimme forderte das Kind samt vielen unbekannten Gefährten auf, hereinzukommen, wobei man alle zusammen als böse Geschöpfe betrachtete, die Strafe verdient hatten: ‹Weh euch, ihr bösen Seelen...›

Da sitzt nun das Kind in seiner Bank, ständig gestrengen Blicken ausgesetzt, die zwei Füßchen und zwei Händchen dazu nötigen, ganz unbewegt zu bleiben, so, wie die Nägel den Leib Christi an die Starrheit des Kreuzes zwangen. Und wenn dann in jenes nach Wissen und Wahrheit dürstende Gemüt die Gedanken der Lehrerin entweder mit Gewalt oder auf irgendeinem anderen gutbefundenen Weg hineingepreßt sind, dann wird es sein, als blute dieses kleine, gedemütigte Haupt wie unter einer Dornenkrone.

Jenes Herz voll Liebe wird von der Verständnislosigkeit der Welt durchbohrt werden wie von einer Lanze, und bitter wird ihm vorkommen, was die Bildung ihm zum Stillen seines Durstes darreicht.

Schon steht das Grab bereit für die Seele des Kindes, die inmitten so vieler Unnatürlichkeit nicht zu leben vermag; und ist sie begraben, dann werden viele Wächter darauf sehen, daß sie nicht aufersteht.

Aber das Kind ersteht immer wieder und kehrt immer wieder, frisch und lächelnd, um unter den Menschen zu leben.[1]*

Um zum Verständnis der Wünsche des Kindes zu gelangen, müssen wir es wissenschaftlich erforschen, denn seine Wünsche sind oft unbewußt. Sie sind der innere Schrei des Lebens, das sich nach geheimnisvollen Gesetzen zu entfalten wünscht. Wir wissen sehr wenig über die Art seiner Entfaltung. Gewiß wächst das Kind kraft einer göttlichen Einwirkung heran ähnlich der, die es vom Nichts zum Kinde werden ließ.

Unser Eingriff in diesen wunderbaren Vorgang ist mittelbar: *wir haben diesem Leben, das von selbst in die Welt kam, die zu seiner Entwicklung erforderlichen* Mittel *zu bieten, und haben wir dies getan, so müssen wir achtungsvoll seine Entwicklung abwarten.*[2]

Wir haben schon ein sehr interessantes Ergebnis erzielt, indem es uns gelang, neue Mittel *zu bieten, vermöge deren die Kinder einen höheren Zustand der Ruhe und Güte erreichen können, und diese Mittel vermochten wir schon durch die Erfahrung zu erproben. Die ganze Grundlage unserer Erfolge beruht auf diesen Mitteln, die wir gefunden haben und die sich in zwei Rubriken bringen lassen:* Organisation der Arbeit *und* Freiheit.

Eben die vollständige Organisation der Arbeit, welche die Möglichkeit der Selbstentwicklung gewährt und dem Tätigkeitsdrang Raum gibt, verschafft jedem Kinde eine wohltuende und beruhigende Befriedigung. *Und unter diesen Arbeitsverhältnissen führt die Freiheit zu einer Vervollkommnung der Fähigkeiten und zur Gewinnung einer schönen Disziplin, die selbst das Ergebnis jener im Kinde entwickelten neuen Eigenschaft, der* Ruhe *ist.* (1936)[3]

Diese Aussagen über das Wesen des Kindes und über Erziehung weisen zurück auf Maria Montessori selbst. Sie veranschaulichen unterschiedliche Seiten ihrer Persönlichkeit. Sie zeigen eine Orientierung an erfahrungswissenschaftlicher Forschung, aber auch die religiös-christliche Haltung Montessoris. Maria Montessori wurde als Ärztin durch die naturwissenschaftliche Schule medizinischer Ausbildung geprägt. Zugleich vertritt sie als Pädagogin eine Sicht vom Kind, die sie teilweise mit Bildern und Gleichnissen der Bibel beschreibt. In diesen Chiffren und Metaphern mit ihrer farbenkräftigen Anschaulichkeit schwingen Wehmut und Hoffnung mit: Wissenschaft vermag viel, sehr viel – so die Botschaft Montessoris –, aber sie vermag letztlich nicht das wahre Sein des Kindes zu erfassen. Sie vermag es auch nicht hervorzubringen. Wissenschaft und die von ihr erdachten und erprobten Mittel und Methoden der Erziehung vermögen das Kind, den heranwachsenden Menschen zwar eindeutig zu bestim-

---

* Die hochgestellten Ziffern verweisen auf die Anmerkungen S. 129f.

men und gehen doch dann gerade am wahren Wesen des Menschen vorbei. Das Kind als die Stelle, wo sich immer wieder der Mensch, das Wesen des Menschen in seiner Ursprünglichkeit manifestiert, wird nur dort sichtbar, wo Wissenschaft sich ihrer Grenzen bewußt wird, indem sie ihre Leistung innerhalb dieser Grenzen begreift. Das wahre Kind ist das durch Erziehung frei gewordene Kind.

Die Pädagogik Maria Montessoris hat zu allen Zeiten Kritik hervorgerufen. Aber vielfach waren Unverständnis und einseitige Kenntnis ihres Werks die Ursache dieser Kritik. Das Frühwerk scheint strengsten naturwissenschaftlich-empirischen Kriterien verhaftet zu sein. Die späteren Arbeiten tendieren scheinbar zum Spekulativen. Ihr Werk wirkt uneinheitlich. Die genauere Betrachtung korrigiert jedoch diesen Eindruck: Auch die frühen Werke beschreiben letztlich eine Erziehungspraxis, deren Ergebnisse nur begrenzt empirisch meßbar, wohl aber erfahrbar sind. Und die späteren Schriften integrieren die frühen Ansätze in einer umfassenderen Schau des Kindes, ohne die empirischen Befunde und die Methoden und Mittel der Frühzeit aufzugeben. Man wird daher in der Geprägtheit Montessoris als naturwissenschaftlich ausgebildete Ärztin und als Mensch mit einer tiefen, aber nicht ausschließlich katholisch-christlichen Religiosität[4] die beiden Wurzeln ihrer Pädagogik sehen müssen.

Wer war diese Frau, die – noch im bürgerlichen 19. Jahrhundert geboren – doch alle Krisen, Zusammenbrüche und Katastrophen unseres Jahrhunderts, unserer Zeit, miterlebt, miterfahren, ja mitgelitten hat? Wer ist diese Maria Montessori, die als einzige bedeutende Pädagogin ein Werk geschaffen hat, das man unbestreitbar als weltumspannend bezeichnen muß und das bis heute ungemindert diskutiert wird und in der Praxis von Kindergärten und Schulen seine Aktualität und Gültigkeit beweist? Lassen sich Bezüge zwischen Leben und Werk nachweisen? Ist ihr Werk, die Pädagogik Maria Montessoris, in ihrem Leben begründet?

Maria Montessori wird im Jahr der staatlichen Einigung Italiens, am 31. August 1870 in Chiaravalle in der Provinz Ancona geboren. Ihr Vater, Alessandro Montessori (1832–1915), ist Finanzbeamter, die Mutter, Renilde Montessori, geb. Stoppani (1840–1912), stammt aus einer Gutsbesitzerfamilie und ist die Nichte des hervorragenden Naturwissenschaftlers Antonio Stoppani, der sich auch durch liberale Äußerungen zu Zeitfragen einen Namen gemacht hat. Während der Vater wohl eher der kleinbürgerlichen Schicht zuzuordnen ist – Marias Großvater väterlicherseits ist Angestellter in einer Tabakhandlung in Bologna gewesen[5] – und deutlich konservative Züge entwickelt, ist die Mutter hochgebildet und vertritt liberale Ansichten. Sie reagiert auf Zeitveränderungen aufgeschlossen. Diese unterschiedlichen Lebenseinstellungen werden sich bei der späteren Berufswahl Marias deutlich bemerkbar machen.

Alessandro Montessori

Renilde Montessori, geb. Stoppani

Alessandro hatte Arithmetik und Rhetorik studiert. Er wird 1850 Angestellter in der Finanzbürokratie des Vatikans und arbeitet dann als Inspektor in der Salz- und Tabakindustrie. 1859 wird er Inspektor in der Finanzverwaltung der Romagna, 1863 wird er zuständig für die Abgaben der Salz- und Tabakindustrie in der Finanzverwaltung der Romagna, die sich inzwischen dem Königreich Sardinien-Piemont angeschlossen hat. In dieser Funktion kontrolliert er 1865 in Chiaravalle die dortige Tabakindustrie und lernt Renilde kennen. Die Heirat findet 1866 statt. 1873 wird Alessandro nach Florenz versetzt, 1875 nach Rom, wo dann das Ehepaar Montessori bis zu seinem Tode leben wird.

Die Biographin Maria Montessoris, Rita Kramer, schildert das Ehepaar Montessori: «Sie waren ein anziehendes Paar: er mit lockigem, dunklem Haar und einem dunklen Schnauzbart, sie rundlich, wie es Mode war, rundäugig und mit sanften Zügen. Wenn sie in der Stadt spazierengingen, Alessandro in einem Straßenanzug, geschmückt mit einer baumelnden Uhrkette, und Renilde in wohlanständigem Schwarz, den Spitzenkragen mit einem kleinen goldenen Kreuz verziert und eine Rose in den auf dem Kopf hoch aufgetürmten Locken, erschienen sie wie ein Bild der Achtbarkeit und Prosperität.»[6] Kramer entwirft dieses etwas idyllisch anmutende Lebensbild nach den überlieferten Fotografien.

Die Kindheit Maria Montessoris ist nicht zuverlässig faßbar. Aussagen der Eltern und von Bekannten über die kleine Maria liegen nicht vor. Auch autobiographische Notizen Montessoris über diese Zeit existieren nicht. Aussagen zur Kindheit bieten die beiden Mitarbeiter Montessoris, Anna Maccheroni und Edward M. Standing.[7] Maccheroni lernte 1907, Standing 1921 Maria Montessori kennen. Wann die biographischen Aussagen Maccheronis und Standings festgehalten wurden, ist nicht bekannt, mit Sicherheit jedoch zu einer Zeit, als Montessori bereits weltbekannt war. Daß diese Aussagen autobiographische Qualität besitzen, also durchaus Maria Montessori zuzuschreiben sind, schließt ihren verklärenden Charakter nicht aus. Veröffentlicht werden sie Ende der vierziger, bzw. in den fünfziger Jahren. Kramer kennzeichnet diese Aussagen mit einer gewissen Berechtigung als «Legenden» und «anekdotisches Material».[8]

Standing bietet verschiedene Kindheitsszenen von unterschiedlicher Bedeutung.[9] Da wird zum einen die zur Selbstdisziplin erziehende Mutter Renilde sichtbar, die nach der Rückkehr von einer Ferienreise der hungrigen und quengelnden kleinen Maria ein vier Wochen altes Stück Brot mit den Worten gibt: «Also gut, wenn du nicht mehr warten kannst, dann iß das.» Die sozialen Pflegedienste Marias – sie muß für arme Familien stricken und ein behindertes Kind der Nachbarschaft bei Spaziergängen begleiten – zeigen nach Standing bereits Marias «Interesse für Menschen... denen es schlechter ging als ihr selbst».

Maria besaß zu dieser Zeit bereits «ein starkes Gefühl für persönliche

Maria Montessori im Alter von zehn Jahren, 1880

Würde» und konnte andere Kinder durchaus verbal ‹herabsetzen›: So, wenn sie zu einem Mädchen sagt: *Du! Du bist ja noch nicht einmal geboren!* Eine Mischung von Beleidigung und persönlicher Profilierung verdeutlicht eine andere Bemerkung zu einer Mitschülerin: *Erinnere mich bitte daran, daß ich beschlossen habe, nie mehr mit dir zu sprechen.* Eine Variante dazu stellt ihr Verhalten einer Lehrerin gegenüber dar, die sich «abschätzig» über den «Ausdruck von Marias Augen beim Zuhören» geäußert hatte und die von Maria dann nicht mehr angesehen wurde.

Standing berichtet auch über die friedenstiftende Funktion der kleinen Maria. Als die Eltern sich stritten, soll Maria einen Stuhl zwischen beide geschoben, sich daraufgestellt und die Hände der Eltern ineinandergefügt haben. Kommentar Standings: «Frieden zu stiften – und allen Benachteiligten zu helfen – sollte ihr ganzes Leben lang ihr Hauptanliegen bleiben.» Am aufschlußreichsten aber dürfte eine Geschichte sein, die Anna Maccheroni berichtet: «Als die zehnjährige Maria eines Tages schwer krank war, habe sie zu ihrer besorgten Mutter gesagt: *Mach dir keine Sorgen, Mutter, ich kann nicht sterben, ich hab' noch zuviel zu tun.*»[10]

Es gibt so gut wie keine autobiographischen Aussagen Marias zur Erfahrung der Dinge. Nahezu alle Berichte über ihre Kindheit beziehen sich auf den sozialen Bereich. (Marias Vorliebe, eine bestimmte Anzahl Fliesen beim Hausputz zu reinigen[11], dürfte für diesen Zusammenhang wohl kaum bedeutungsvoll sein.) Aber alle Berichte stimmen darin überein, daß Maria Montessori bereits als Kind sehr selbstbewußt, aber auch deutlich ichbezogen ist:

«Das Mädchen, das durch diese Geschichten hindurchschimmert, ist selbstsicher, willensstark, ein wenig selbstgefällig. Maria hat jenes Pflichtgefühl, das manchmal zur Intoleranz gegenüber anderen führt. Kurzum, sie war die geborene Sozialreformerin und gewiß eine auffallende Einzelgängerin dort und damals.»[12]

Sicherlich hat die Tatsache, daß Maria keine Geschwister besaß und so die völlige Zuwendung beider Eltern genoß, zur Entwicklung dieser Charakterzüge beigetragen. Jedenfalls ist die imponierende Lebensleistung Maria Montessoris, ihr umfangreiches schriftliches Werk mit über 800 Veröffentlichungen[13] und einer täglichen Arbeitszeit von acht Uhr früh bis ein Uhr nachts bis ins hohe Alter[14] nur aus der Verbindung einer überragenden Intelligenz und eines hohen Arbeitsethos im Dienst der Erziehung zu erklären.

Die überlieferten autobiographischen Zeugnisse enthalten kaum Aussagen über ihr Spielverhalten als Kind. Ob hier ein gewisses Defizit vorliegt, das ihr eigenes Arbeitsethos und die Dominanz der Arbeit in ihrer Pädagogik begründen könnte, muß offenbleiben.

Mit dem Umzug nach Rom verändert sich für die fünfjährige Maria vieles. Die Großstadt Rom fasziniert durch ihre anregende Atmosphäre, die Bildungsmöglichkeiten sind wesentlich besser als in der Provinz, wenngleich auch die römischen Grundschulen der damaligen Zeit einer Stock- und Paukdidaktik huldigen und die geistigen Kräfte nicht zu entwickeln vermögen. Die Klassen sind überfüllt, die Lehrer schlecht ausgebildet. Es überrascht nicht, daß sich Maria in diesem Milieu trotz ihrer hohen Intelligenz nicht auszeichnet. Im ersten Schuljahr wird sie wegen guten Betragens gelobt, im zweiten wegen guter Leistungen beim Anfertigen weiblicher Handarbeiten (Näh- und Strickarbeiten). Zunächst aber scheint sie in der Grundschule keinerlei Ehrgeiz zu haben. Standing berichtet in zwei Episoden darüber: «Einmal weinte eine ihrer kleinen Mitschülerinnen, weil sie nicht versetzt worden war. *Ich konnte das gar nicht verstehen, berichtete Maria Montessori später, denn ich fand eine Klasse genau so gut wie die andere, und das habe ich ihr auch gesagt.*»[15] Und eine weitere Erinnerung Montessoris aus der Feder Standings: *Eine unserer Lehrerinnen war von der fixen Idee besessen, das Auswendiglernen von Lebensläufen berühmter Frauen müsse uns zur Nachahmung anspornen. Jede ihrer Erzählungen schloß mit der Mahnung:* ‹Auch ihr solltet nach Ruhm streben! Möchtet ihr denn nicht berühmt werden?› – ‹O nein›, gab ich ihr eines Tages trocken zur Antwort, ‹ich will nicht berühmt werden. Ich

habe viel zu viel Mitleid mit den Kindern der Zukunft, als daß ich die Liste noch um eine Biographie verlängern möchte.›[16]

Allmählich scheint Maria aber doch an ihrem leichten Lernen Freude gefunden zu haben und sucht gezielt den schulischen Erfolg. Sicherlich hat auch die Mutter eine wichtige Rolle bei dieser sich verstärkenden Einstellung gespielt. Denn Renilde Montessori sah in Marias zukünftigem Lebensweg Möglichkeiten, die sie selbst nicht verwirklichen konnte, und wollte auf jeden Fall für Maria eine hochqualifizierte Ausbildung und spätere Berufstätigkeit, nicht lediglich die obligat erscheinende Verheiratung.

Maria beginnt intensiv zu lesen und beschäftigt sich insbesondere mit Mathematik. Hier mögen auch Anregungen des Vaters wirksam gewesen

Rom, Castel Sant'Angelo und Petersdom, um 1880

sein. Kramer berichtet, daß Maria – wohl gegen Ende der Grundschulzeit, eher schon in der Sekundarschule – sogar bei einem Theaterbesuch das Mathematikbuch mitnimmt und es während der Vorstellung studiert.[17]

Nach der sechsjährigen Grundschulzeit tritt Maria mit dreizehn Jahren – also im Herbst 1883 – in die Regia Scuola Tecnica Michelangelo Buonarotti ein.[18] Dies war eine naturwissenschaftlich-technische Sekundarschule mit dreijähriger Unterstufe, der sich ein weiterführender vierjähriger Kurs anschloß. Der Abschluß berechtigt zum Hochschulstudium. Die Entscheidung für die Scuola Tecnica ist für ein Mädchen damals ungewöhnlich gewesen. Sofern Mädchen überhaupt in die Sekundarschule gingen – und das waren nur wenige –, wurde das ginnasio bevorzugt, weil es gesellschaftlich brauchbare humanistische Allgemeinbildung vermittelte. Die naturwissenschaftlich-technische Sekundarschule, vergleichbar der deutschen Oberrealschule, aber war deutlicher ausbildungs- und berufsbezogen.

Maria spielt mit dem Gedanken, Ingenieur zu werden.[19] Die Eltern bevorzugen den Lehrerberuf als Ausbildungsziel. Doch die Mutter stellt sich auf die Seite Marias. Und es gelingt, nach ziemlich heftigen Auseinandersetzungen – in diesen Zusammenhang mag wohl auch die berichtete «Friedensszene» gehören –, den Vater zu überzeugen. Denn Alessandro Montessori sieht zunächst in dem Wunsch Marias eine Neuerung, die er mit seiner konservativen Weltsicht nicht zu vereinbaren vermag.

Die Unterrichtspraxis der Regia Scuola Tecnica Michelangelo Buonarotti und des Regio Istituto Tecnico Leonardo da Vinci, das Maria von 1886 bis 1890 besucht, ist lehrbuchorientiert.[20] Ein selbständiges Erkunden und Erforschen von fachlichen Zusammenhängen durch den Schüler mit Hilfe des Lehrers gibt es nicht. Möglicherweise haben sich hier erste Aspekte eines Konzepts selbstaktiven Lernens bei Maria Montessori herausgebildet. Denn Selbsttätigkeit, eigenes Tun ist ja zentrales Element ihrer Entwicklungspädagogik.

Der Fächerlehrplan ist modern: Dem dreijährigen Kurs mit Mathematik, Französisch, Buchhaltung, Geschichte, Erdkunde und einer Einführung in die Naturwissenschaften folgt der vierjährige Kurs mit modernen Sprachen (Englisch, Französisch, Deutsch), Mathematik, Physik und Chemie, dazu kommen noch «kommerzielle Fächer»[21]. Aus dem Lehrbuch wird vom Lehrer vorgetragen. Der Lehrbuchtext muß auswendig gelernt und im Gedächtnis behalten werden. Schulischer Unterricht ist präzise Reproduktion gespeicherten Wissens. Eine Überprüfung des Verständnisses der jeweiligen Thematik findet nicht statt und ist nicht wünschenswert.

Kramer sieht in der Tatsache, daß Maria Montessori dieses Drillsystem mit vorzüglichen Leistungen absolviert und trotzdem später in kreativer

Weise eine neue und weltweit rezipierte Erziehungskonzeption zu schaffen vermag, zu Recht einen eindeutigen Beleg für die «Genialität» Maria Montessoris.[22] – Nach Abschluß des dreijährigen Kurses 1886 mit guten Leistungen in allen Fächern besucht Maria den weiterführenden vierjährigen Kurs im Regio Istituto Tecnico Leonardo da Vinci. Auch hier ist sie überaus erfolgreich. Insbesondere ihre Leistungen in Mathematik sind vorzüglich. – Gegen Ende der Institutszeit ändert Maria ihr Berufsziel. Nun will sie Ärztin werden und Medizin studieren. Diesem Einstellungswandel liegt nach der Darstellung Anna Maccheronis ein «mystisches Erlebnis» zugrunde[23], das Standing allerdings später, im Medizinstudium selbst ansiedelt.[24] Maccheroni berichtet: «Sie kann selbst nicht erklären, wie es zustande kam. Es geschah in einem einzigen Augenblick. Sie ging auf der Straße, als sie einer Frau mit einem Baby begegnete, das einen langen, schmalen, roten Papierstreifen in der Hand hielt. Ich habe Dr. Montessori mehrmals diese kleine Straßenszene beschreiben hören, ebenso den Entschluß, der ihr dabei in den Sinn kam. In solchen Momenten trat ein langer, tiefer Blick in ihre Augen, als suche sie nach Dingen, die weit über Worte hinausgingen. Dann pflegte sie zu sagen: ‹Warum?› und mit einer kleinen ausdrucksvollen Handbewegung anzudeuten, daß seltsame Dinge in uns geschehen, die uns zu einem Ziel führen, das wir nicht kennen.»[25] Die Szene bietet nichts Eindeutiges. Man könnte sie psychoanalytisch deuten. Man könnte sie als Vorwegnahme, als Antizipation der Entwicklungspädagogik Montessoris interpretieren. Eine solche Deutung würde dann aber nicht den Entschluß zum Medizinstudium erklären oder diesen doch deutlich zugunsten einer pädagogischen Grundentscheidung relativieren.

Wie dem auch immer sei: Alessandro Montessori sieht sich 1890 dem drängenden Wunsch seiner zwanzigjährigen Tochter konfrontiert, Medizin zu studieren und den Arztberuf ausüben zu wollen. Aber es gibt in Italien keine einzige Ärztin. Der Arztberuf ist absolute Domäne des Mannes.

Studium der Medizin

Das aufschlußreichste Zeugnis aus Maria Montessoris Studienzeit stellt der «Brief an Clara» aus dem Jahre 1896 dar, den Rita Kramer erschlossen hat. Dieser Brief zeigt aus der Rückblende, aber mit der Suggestivität direkten Erlebens, die persönlichen Probleme der jungen Medizinstudentin in der Anatomie, im Umgang mit dem Menschen als Leiche:

Die erste Vorlesung... fand im Anatomischen Institut statt. Ich kam eine Viertelstunde vor Beginn dort an, und man führte mich in einen Saal.

Es war dunkel und sie machten ein Fenster auf. Ich sah, daß der Saal sehr lang und durch einen Säulengang zweigeteilt war. Er hatte sechs Fenster. Das eine Fenster ließ nur wenig Licht herein, und als ich mich im Halbdunkel umdrehte, erblickte ich ein ungeheuer großes stehendes Skelett. Ich sah es lange an und drehte mich dann um. In einem Schrank waren Gläser mit Eingeweiden und anderen inneren Organen in Spiritus. Das Skelett bedrückte mich. Ich ging durch den Bogen und befand mich in der anderen Hälfte des Raumes. Es war fast ganz dunkel dort. In einem Schrank sah ich eine Reihe von Schädeln... Ich wandte meine Augen ab und begann auf und ab zu gehen, abgestoßen von allem, was ich sah.

Während ich dort ging, dachte ich nicht, sondern ich fühlte: diese inneren Organe kamen mir vor wie Folterwerkzeuge, die jemandem schrecklichen Schmerz zugefügt hatten. Diese Schädel waren Romane unendlicher Leiden... Ich sagte mir: ‹Komm, mach, daß du hier rauskommst!› Da, auf der andern Seite schien sich das Skelett – das mir immer noch riesiger erschien – zu bewegen.

‹Mein Gott, was hab' ich getan, um so leiden zu müssen? Warum bin ich hier allein inmitten all dieses Todes? Komm, nimm dich zusammen, das sind nur Gefühle; Empfindungen muß man überwinden... Dieses Skelett rührt sich nicht. Und was ist schließlich schon ein Skelett? Und wenn ich es einmal anfaßte?› Ein Schauer überlief mich. Ich hatte das Gefühl, mein Skelett würde vom übrigen getrennt, als würde ich so reduziert wie das, was da vor mir stand. ‹Verfluchte Verrücktheit›, murmelte ich und ging hinüber zum Fenster...

Während ich hinausschaute in die Sonne und ins Leben, bedrückte mich eine schwere Last. Das Skelett, diese Schädel und diese Organe; sie fessel-

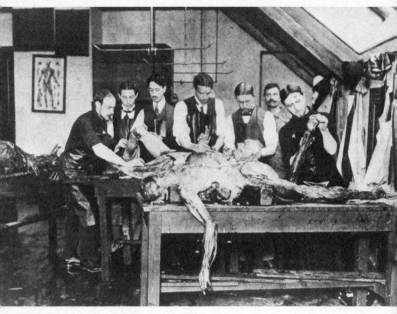

Medizinstudenten bei der Sektion, um 1890

ten mich. Meine Gedanken hatten sich keinen Augenblick von ihnen getrennt.

Ich ging zurück mit einem Gefühl der Leere im Herzen, mit zitternden Knien, und das Blut strömte mir ins Herz... Ich lehnte mich an die Wand und konnte den Blick nicht von dem Lichtschein lösen. Ich wußte, daß ich alles liebte, was außerhalb dieses Raumes war. Ich hatte ein Gefühl äußerster Schwäche und dann der Angst, als stürbe mein Körper nach und nach. Ich lehnte mich an die Wand, war außer mir und litt Qualen.

Dann kam der Diener und rief mich zur Vorlesung... In dem Vorlesungsraum war eine Menge Leben um mich. Das bißchen Tod auf einem Tisch war erträglich. Ich sah es mir an. Es war etwas Dunkles, Mißgebildetes, Weichliches, das mich allmählich auf einen entsetzlichen Geruch aufmerksam machte. Dann brachten sie ein paar Knochen in einem Becken herein. Die waren ganz frisch und es hing blaßrosa Fleisch daran. Für meinen erregten Geist nahm dieses Fleisch ungeheure Ausmaße an. Ich hatte das Gefühl, als sei mein Fleisch mit ihm durch einen ganz dünnen Faden verbunden.

‹Es sind die Knochen eines Menschen, der gedacht hat› – und mein star-

rer Blick löste sich nicht mehr von der Stelle. Das moralische Leben, das diese jämmerlichen Reste beseelt hatte, sein Denken, sein Leiden, brachte mich um...
Am Abend zu Hause versuchte ich, wieder etwas Mut zu fassen. Sie merkten gleich, daß ich aus der Fassung war. Ich zwang mich zu essen, und es gelang mir auch. Dann redeten wir. Mein Vater sagte: ‹Es ist sinnlos, dich zu zwingen, du kannst es nicht.› Und meine Mutter: ‹Es ist schlecht für dich, mein Kind, geh nicht wieder hin.› ‹Aber es war das erstemal›, sagte ich, ‹vergeßt doch nicht, es war das erstemal... wenigstens bin ich nicht ohnmächtig geworden.› Ich stand auf und ging in mein Zimmer... Verzweifelt legte ich meinen Kopf in meine Hände. Mir wurde schlecht...
Im Bett kam ich nicht zur Ruhe: Ich mußte immer wieder an das Entsetzen denken, das mich vor dem Skelett befallen hatte. Wie würde es bei einer Leiche sein? Ich hatte den Tod noch nie gesehen...
Wie war es mir nur in den Sinn gekommen, Anatomie zu studieren? Aber dann, was soll mit der Zukunft werden? Das Ziel, das leuchtende Ziel! Mir schien, als leuchte das Ziel ganz oben. Aber der Weg, der zu ihm führte! Nein, dieser Weg war zu fürchterlich... Ich schwitzte am ganzen Körper und keuchte. Das erwünschte Ziel meines Lebens entzog sich mir. Ich, die ich an das Leben glaubte, sah seine Nutzlosigkeit. Ich werde niemandem Gutes tun können, ich werde ein nutzloses Ding sein, wie so viele andere! Ich werde schwer arbeiten, um einen Hungerlohn zu verdienen, wie so viele Lehrer. Aber es macht nichts. Besser eine Schneiderin, ein Dienstmädchen sein... Aber nicht das, nicht das... Aber wer weiß?... Es war wie ein tiefer innerer Glaube: Wer weiß? Und ich trank den bittern Kelch aus bis zum letzten Tropfen.[26]

Dieser Brief ist in mehrfacher Hinsicht bemerkenswert. Man stößt bereits hier auf die im späteren Werk übliche Verwendung biblischer Gleichnisse und Metaphern. Der *bittere Kelch*, den Maria hier beschwört, erinnert an die Gethsemaneszene. Eindrucksvoll auch die Sprachmächtigkeit Marias, die Plastizität der Schilderung, der Aufbau einer polaren Spannung zwischen dem alltäglichen Leben draußen im Sonnenschein vor den Fenstern der Anatomie und dem dunklen Saal mit seinen Todesinsignien: Skelett, Schädel, Organe in Spiritus. Beachtenswert auch die ganzheitliche Sicht des Menschen: Der pathologische Befund ist nur lebloser Teil des lebenden, denkenden, beseelten Menschen, und um diesen Menschen dreht sich das Denken Montessoris. Schon dieses bislang früheste authentische autobiographische Zeugnis widerlegt also jede Interpretation, Montessori sei Vertreterin einer positivistischen, streng empirischen Wissenschaft, die notwendigerweise zu einer engen und einseitigen Sicht menschlichen Seins gelangen muß.

Dieser Brief wurde jedoch nach der Promotion (1896) geschrieben und bindet Anfang und Ende des Medizinstudiums zusammen. Er schließt: *Also hier bin ich: berühmt! Andererseits, meine Liebe, ist es nicht sehr schwierig, wie du siehst. Ich bin nicht berühmt wegen meines Könnens oder wegen meiner Klugheit, sondern wegen meines Mutes und meiner Kaltblütigkeit gegen alles. Das ist etwas, was man immer erreichen kann, wenn man will, aber es kostet schreckliche Anstrengung.*[27]

Führt der Großteil des Briefes in die Anfangsschwierigkeiten dieses Studiums recht anschaulich ein – er vermag die existentielle Erschütterung Marias und ihre Ängste deutlich wiederzugeben –, so bekundet der Schlußteil die überragende Willenskraft Maria Montessoris. Trotz aller Ängste und Selbstzweifel hat sie den eingeschlagenen Weg bis zum Ziel der erfolgreichen Promotion verfolgt: nicht weil sie die erste Ärztin Italiens, die «dottoressa» werden wollte – das ist ein Nebeneffekt –, sondern weil sie kranken Menschen helfen will. Sie hat eher ein therapeutisches als diagnostisches Interesse. Und darin schwingt durchaus bereits eine pädagogische Komponente mit.

Standing hat in seiner biographischen Skizze, die in den Daten manchmal recht ungenau ist, eine bemerkenswerte Szene wiedergegeben, die wir bereits in der Perspektive Maccheronis als Schlüsselerlebnis zur Begründung für das Medizinstudium kennengelernt haben. Standing ordnet diese Szene biographisch anders ein:

«Eines Tages war sie so verzweifelt, daß sie sich dem ungleichen Kampf nicht mehr gewachsen fühlte. Als sie an diesem Abend die Anatomie verließ, war sie entschlossen, die Waffen zu strecken und nach einem anderen, weniger steilen Pfad zu suchen. Ihr Heimweg führte damals durch den um diese Stunde fast menschenleeren Pincio-Park. Während sie noch über ihren Entschluß nachgrübelte, kam sie an einer ärmlich gekleideten Frau mit einem kleinen, etwa zweijährigen Kinde vorüber. Die unordentliche, schmutzige Person, offenbar eine gewerbsmäßige Bettlerin, begann sogleich um Almosen zu flehen. Während die Mutter ihr Klagelied sang, saß das kleine Wesen völlig unbeteiligt am Boden und spielte mit einem bunten Papierfetzchen. Der Ausdruck glücklicher Selbstvergessenheit auf dem Gesichtchen des mit ganzer Seele seinem wertlosen Spielzeug hingegebenen Kindes erregte in der zuschauenden Studentin ein Gefühl, das kaum besser als mit dem Vers Matthew Arnolds beschrieben werden kann:

Ein Riegel wurde in der Brust zurückgestoßen,
und ein verlorenes Gefühl ward neu.

Ohne sich deuten zu können, was sie empfand, machte sie kehrt und ging geradewegs in die Anatomie zurück. Von Stund an war ihr Widerwille gegen die unsympathische Stätte erloschen und erwachte niemals wieder. Als sie später einmal von diesem Vorfall erzählte, sagte sie: *Erklären kann ich es nicht. So ist es gewesen. Vermutlich kommt Ihnen die Geschichte ziemlich dumm vor, und wenn Sie sie jemand erzählen, würde er sie lächerlich finden.* Standing kommentiert: «In Wirklichkeit aber haben wir hier ein Beispiel für die Existenz jenes geheimen Kompasses in der

Seele des Genies, der ausschlägt, wenn der Berufene sich der vorbestimmten Lebensaufgabe nähert oder nur einen Pfad betritt, der zu ihr hinführt. Auch bei Fröbel war es nicht anders, der gleich Maria Montessori der Welt gegeben wurde, Licht in die unausgeloteten Tiefen der Kinderseele zu werfen.»[28]

Die Szene gewinnt an Authentizität und Glaubwürdigkeit, macht man sich bewußt, daß Maria Montessori in ihren beiden letzten Jahren vor der Promotion sich zur Expertin für Kinderkrankheiten ausbildet und mit kranken, aber auch mit geistig behinderten Kindern im Krankenhaus und in der Psychiatrie Umgang hat. Hier deutet sich schon der breite Begriff des «Kranken» bei Maria Montessori an. Neben dem medizinischen Befund steht der psychologisch-pädagogische. Die spätere Theorie Montessoris lautet: Auch das leiblich-organisch gesunde Kind kann «krank», das heißt nicht «normal» sein und bedarf entsprechender Zuwendung und spezifischer Mittel, um sich durch die eigenen Kräfte mit Hilfe der Mittel zu normalisieren. So stellt die Parkszene also einen Entwurf, eine Utopie des pädagogischen Ziels Montessoris dar: das auf seine Beschäftigung konzentrierte kleine Kind, um das es ihr in ihrer Entwicklungspädagogik geht. Die Mittel der *Konzentration* sind, wie wir noch sehen werden, in Montessoris Pädagogik deutlich medizinisch beeinflußt und geprägt.

Doch nun die Chronologie dieser Jahre. Zunächst muß sich Maria gegenüber Alessandro Montessori durchsetzen. Das gelingt ihr soweit, daß der Vater ihr das Medizinstudium nicht verbietet, sich aber deutlich von ihr distanziert. Ein Gespräch mit Dr. Guido Baccelli, Professor für Klinische Medizin an der Universität Rom, mit dem Ziel, die Möglichkeiten der Zulassung zum Medizinstudium auszuloten, endet negativ. Jedoch soll Maria am Ende des Gesprächs gesagt haben – auch dies wiederum ein Zeichen ihrer Willenskraft: *Ich weiß, daß ich Ärztin werde.*[29]

Das Medizinstudium bestand aus zwei vormedizinischen naturwissenschaftlichen Studienjahren (Zoologie, Botanik, Physik und Chemie) und aus vierjährigen Kursen in Pathologie, Anatomie und Klinischer Medizin.

Maria schreibt sich im Herbst 1890 als Studentin der Mathematik, Physik und Naturwissenschaften an der Universität Rom ein und konzentriert sich auf die vormedizinischen Fächer. Im Frühjahr 1892 legt sie ihre Prüfungen – auch Latein und Italienisch – mit sehr gutem Erfolg ab und bekommt damit das Berechtigungszertifikat (diploma di licenza), um das klinische Studium der Medizin beginnen zu können. Sie stellt den Antrag und betreibt entschieden ihre Zulassung. Die biographische Montessori-Forschung hat bislang nicht nachweisen können, welche Instanzen und Begründungen letztlich die Zulassung ermöglichten. Kramer geht Zeitungsmeldungen nach, die behaupten, Papst Leo XIII. habe sich für die Zulassung Marias ausgesprochen. Eindeutig belegt sind diese Presseäußerungen nicht.[30] Ergebnis dieser Bemühungen ist jedenfalls, daß Maria im Herbst 1892 das eigentliche Medizinstudium beginnt. Und in diesem Zusammenhang steht auch das Schockerlebnis in der Anatomie.

Die Studienbedingungen gleichen der Unterrichtspraxis in den Schulen: Die Prüfungen beziehen sich auf Vorlesungen, deren Inhalt genauestens wiedergegeben werden muß. Aber man kann sich Skripten ausleihen oder sich durch intensives Nacharbeiten am Semesterende den Lehrstoff aneignen.

Maria lebt weiterhin bei den Eltern, geht zu den Vorlesungen und arbeitet zu Hause ihre Notizen durch, um diese durch Lektüre zu vertiefen. Sie ist eine fleißige und lernbegierige Studentin und fällt daher in zweifacher Weise auf: als Frau und durch ihren Lerneifer. Auch dazu liefert Standing einige anekdotische Szenen:

«Eine Studentengruppe pflegte, wenn Maria auf den Gängen vorbeikam, verächtlich ‹Puh!› zu rufen. *Blasen Sie, liebe Freunde*, gab sie dann gelassen zurück, *je kräftiger Sie blasen, desto höher kann ich steigen.*»[31]

Über ihren Arbeitseifer sagt Standing, er habe in Rom einen Professor der Medizin kennengelernt, der während der Studienzeit Montessoris Dozent war und Standing folgende Begebenheit berichtete:

«An einem seiner Vorlesungstage tobte in Rom ein so gewaltiger Schneesturm, daß alle Hörer wegblieben, bis auf einen allerdings, und das war die ‹Hörerin›. Als sie sich nun allein im Hörsaal fand, schlug sie dem Dozenten bescheiden vor, die Vorlesung zu verschieben, wovon er aber nichts wissen wollte, denn solcher Eifer mußte seiner Meinung nach belohnt werden. Also hielt er seine Vorlesung wie immer – nur diesmal vor einer einköpfigen Hörerschaft.»[32]

Das Problem des klinischen Studiums ist die Anatomie. Undenkbar für die damalige Zeit ist die gemeinsame Arbeit von Studentinnen und Studenten, das gemeinsame Sezieren von Leichen. Maria kann daher nicht an den üblichen Sezierkursen teilnehmen, sondern muß allein abends nach Dienstschluß im Anatomiesaal arbeiten – sicherlich eine weitere Verschärfung ihres Problems, das sich im Schockerlebnis manifestiert. Aber mit eiserner Energie und Willenskraft überwindet Maria diese belastende Situation. Um den Konservierungsmittelgeruch der Leichen zu ertragen, dingt sie einen Mann, der neben ihr steht und raucht. Später versucht sie selbst zu rauchen.[33]

Die Mutter unterstützt sie beim häuslichen Studium. Der Vater bleibt distanziert. Im Studium hat sie allmählich Erfolg. Sie fällt auf. Denn Maria Montessori ist nicht nur intelligent und fleißig, sondern auch dem Leben außerhalb des Studiums nicht abgeneigt. Sie ist hübsch, kleidet sich adrett, hat gepflegte Umgangsformen und ißt gerne. Auf Grund ihrer Leistungen in Pathologie gewinnt sie 1894 einen Preis der Rolli-Stiftung (Abteilung für Chirurgie) und 1895 einen Wettbewerb um eine vorzeitige Assistentenstelle in der Klinik. So sammelt sie früh praktisch-klinische

Erfahrungen. 1895/96 arbeitet sie am Frauenkrankenhaus San Salvatore al Laterano und am Männerkrankenhaus Ospedale Santo Spirito in Sassia als Hilfsassistenzärztin, ferner in der Ambulanz des römischen Kinderkrankenhauses und assistiert bei Operationen auf der Unfallstation (Notdienst). In den beiden Jahren vor dem Examen spezialisiert sich Maria in Kinderheilkunde und wird Expertin für Kleinkinderkrankheiten. In der Psychiatrischen Klinik sammelt sie das Material für ihre Doktorarbeit, die sich mit klinischen Problemen des Verfolgungswahns beschäftigt.

Die Distanz zu ihrem Vater muß Maria belastet haben. Um so erfreulicher, daß sich dieser latente Konflikt gegen Ende ihrer Studienzeit löst. Jeder Medizinstudent war verpflichtet, in seinem letzten Studienjahr vor seinen Mitstudenten einen Vortrag zu halten. Standing berichtet darüber, verlegt jedoch irrtümlich diese Szene in die Zeit nach erfolgter Promotion:

«War dies nun in jedem Fall eine Feuerprobe, so ganz besonders natürlich in diesem. Die Wogen der Vorurteile gingen ja immer noch hoch, und viele Zuhörer kamen nicht aus Interesse zur Vorlesung (Vortrag), sondern in der Hoffnung auf einen Skandal. *Wie eine Löwenbändigerin bin ich mir damals vorgekommen*, erzählte Maria Montessori später einmal in Erinnerung an den ereignisreichen Tag.

Am Morgen der Vorlesung traf Alessandro in der Stadt einen Freund, der ihn überrascht fragte, ob er denn nicht zur Vorlesung ginge. ‹Zu welcher Vorlesung?› fragte der Vater, denn er hatte das berufliche Treiben seiner Tochter vollständig ignoriert. Er wurde also aufgeklärt und ließ sich halb widerwillig überreden, mitzugehen.

Maria Montessori behandelte ihr Thema ausgezeichnet, trug es brillant vor und faszinierte ihre Zuhörer mit ihrer Persönlichkeit, kurz: sie triumphierte wie Porzia, so daß aller Widerstand schmolz und man ihr große Ovationen bereitete. Im Nu fand sich Alessandro von Menschen umringt, die ihn stürmisch ‹zu einer solchen Tochter› beglückwünschten.»[34] Nach Standing hat sich also die Entfremdung zwischen Vater und Tochter «in einem dramatischen Finale» gelöst.[35]

Im Frühjahr 1896 legt Maria Montessori ihre Doktorarbeit zum Thema *Contributo clinico allo studio delle Allucinazioni a contenuto antagonistico* (Ein klinischer Beitrag zum Studium des Verfolgungswahns) vor – eine Arbeit von 96 handschriftlichen Seiten.

Nach den Fachprüfungen hat sie ihre Doktorarbeit zu verteidigen und erhält als erste Frau Italiens das Promotionsdiplom. Ihre Leistungen sind vorzüglich. Von maximal 110 Punkten erreicht sie 105. Ihre Biographin spricht von einem «glänzenden Ergebnis»[36]. Ihre Doktorurkunde muß handschriftlich abgeändert werden. Der Vordruck des Doktordiploms sieht nur männliche Absolventen vor.

Trotz der damaligen Ärzteschwemme sind die beruflichen Aussichten Maria Montessoris glänzend. Sie eröffnet eine Privatpraxis und wird auf

Die Promotionsurkunde Maria Montessoris, ausgefertigt am 29. Juli 1898

Grund ihrer hervorragenden Leistungen am Krankenhaus San Giovanni als Assistenzärztin angestellt. Das Krankenhaus untersteht der Universität.

Zunächst aber wird gefeiert. Es ist eine Familienfeier. Der Vater nimmt teil und ist voller Stolz auf seine tüchtige Tochter. Auf Grund der Leistungen Marias wird diese Feier auch durch die Teilnahme ihrer Professoren geehrt. Die Presse Roms berichtet über die erste «dottoressa» Italiens. Maria ist eine Person, die im Licht der Öffentlichkeit steht. Für Maria ist bewiesen, daß man mit Tatkraft, Energie und Hartnäckigkeit utopisch scheinende Ziele zu verwirklichen vermag. An Clara schreibt sie:

Nun ist alles vorbei. Alle Aufregungen sind zu Ende. Bei dieser letzten Prüfung, die öffentlich war, hat mir ein Senator des Königreichs herzlich gratuliert, ist aufgestanden, um mir die Hand zu drücken. Das war mein bescheidener Rand vom Lorbeerkranz. Aber ich muß Dir sagen, daß ich einen sehr seltsamen Eindruck mache. Laß mich erklären: In der Frühe gehe ich in den Pincio. Alle Leute sehen mich an und folgen mir, als wäre ich eine Berühmtheit: Manche alte Damen sprechen meine Mutter an und fragen sie, ob ich die einzige Medizinstudentin in Rom bin. Meine Berühmtheit kommt so zustande: Ich wirke zart und ziemlich schüchtern, und man weiß, daß ich Leichen ansehe und berühre, daß ich ihren Geruch gleichgültig ertrage, daß ich nackte Körper ansehe (ich – ein Mädchen, allein unter so vielen Männern!), ohne ohnmächtig zu werden. Daß mich nichts erschüttert, nichts; nicht einmal eine öffentliche Prüfung; daß ich laut über schwierige Dinge spreche, mit solcher Unbeteiligtheit und so kaltblütig, daß selbst die Prüfer verwirrt werden; daß ich die moralische Kraft besitze, die man von einer sehr viel älteren und derben Frau erwarten könnte; daß ich mit der gleichen Teilnahmslosigkeit eine verweste Leiche berühre und öffentlichem Lob einer wissenschaftlichen Berühmtheit lausche...

Ich bin nicht berühmt wegen meines Könnens oder meiner Klugheit, sondern wegen meines Mutes und meiner Kaltblütigkeit gegen alles.[37] – Gegen alles?

Lehrjahre

*Wir haben das Kind in den ‹Kinderhäusern› glücklich und geduldig, gelassen und genau, wie der beste Arbeiter und gewissenhafteste **Bewahrer der Gegenstände** gesehen. Um es glücklich zu machen, genügen die einfachsten Dinge: Die Kleider an einen niedrigen, für es erreichbaren Kleiderständer zu hängen; eine leichte Tür zu öffnen, deren Griff der Größe seiner Hand entspricht; leise und mit Anmut einen Stuhl versetzen, dessen Gewicht der Kraft seiner Arme angepaßt ist. Wir stehen hier vor einer ganz einfachen Tatsache: Man muß dem Kind eine Umgebung bieten, in der alle Dinge seinen Proportionen entsprechend gebaut sind; und dort soll man es leben lassen. Dann entwickelt sich in ihm jenes ‹aktive Leben›, das zu solcher Verwunderung geführt hat; denn man sah darin nicht nur eine einfache, mit Vergnügen **durchgeführte Übung**, sondern die Offenbarung eines geistigen Lebens. In dieser harmonischen Umgebung haben wir beobachtet, wie sich das Kind in die intellektuelle Arbeit vertieft, wie ein Samen, der seine Wurzeln in die Erde schlägt und sich dann entwickelt und wächst durch ein einziges Mittel: die lange Ausdauer bei jeder Übung. (1914)*[38]

Die Jahre von 1896 bis 1906 sind für Maria Montessori eine wohl entscheidende Zeitspanne gewesen. In dieser Lebensphase vollzieht sie den Übergang von der Medizin zur Pädagogik. Sie sieht nun nicht nur das organisch kranke Kind als hilfsbedürftig an, sondern gelangt zu einem breiteren Verständnis des devianten, das heißt sich nicht normal verhaltenden Kindes. Zugleich erkennt sie die Notwendigkeit, diesen Kindern zu helfen. Eine Art Vermittlung oder «Brücke» zwischen beiden Bereichen bietet das behinderte Kind, dem sich ja sowohl die Medizin wie die Pädagogik zuwenden. In der medizinisch bestimmten Heilpädagogik, deren Ursprünge sie auslotet, liegt der Ansatz ihrer Überlegungen, dem Kind, jedem Kind, zu seinem wahren Wesen zu verhelfen. Dieses wahre Wesen äußert sich in der *Konzentration*, die Montessori zunächst als *Polarisation der Aufmerksamkeit* und im Spätwerk dann als *Normalisation*[39] bezeichnet. Konzentration heißt, sich ganz auf einen dinglich-sachlichen Zusammenhang einzulassen und dessen Ordnungsgefüge, seine Struktur zu erfassen. Der Umgang mit den Dingen, mit Materialien vollzieht sich durch die Hände und die Sinne. Bewegungsabläufe werden gefordert. Aber dies leibliche Aktivsein des Kindes verbindet sich mit seinem Inneren. Konzentration bedeutet vollständige, auch geistig-intellektuelle Zuwendung zum Ding, zum Material. Diesen Zusammenhang entwickelt Maria Montessori zunächst von der Außenseite her und beschreibt eine kindliche Umgebung, die das Kind zur Konzentration – sie sagt zunächst *Übung* dafür – herausfordert. Aber auch hier ist bereits die Aktivierung des kindlichen Inneren mitgedacht. Im späteren Werk wird die Struktur dieser inneren Aktivität des Kindes breit entfaltet und mit den Begriffen *sensible Perioden*, *Baumeister des Menschen*, *geistiger Embryo* und *absorbierender Geist* genauer bestimmt. Aber auch im Spätwerk der dreißiger und vierziger Jahre gehört beides, normalisierende Umgebung und das wahre kindliche Sein manifestierende Aktivität, zusammen und wird als Einheit beschrieben.

Die Entdeckung des nicht-normalen Kindes als allgemeine Tatsache, die Erkenntnis, daß im alltäglichen Leben die meisten Kinder deviant, geschädigt sind, auch wenn sie durchaus als «normal» bezeichnet werden, veranlaßt Montessori zugleich, die gesellschaftlich-soziale Bedeutung des geschädigten Kindes herauszustellen. Auch hier geht sie zunächst vom geistig behinderten, ja idiotischen Kind aus, aber auch von Problemen wie Jugendkriminalität und Verwahrlosung. Sie gibt also im Frühwerk eine Bestandsaufnahme gesellschaftlicher Verhältnisse und fordert dann soziale Reformen: die Verbesserung der Lebensverhältnisse der niederen Schichten Italiens. Damit verbindet sie zugleich Forderungen der Frauenemanzipation. Ende des 19. Jahrhunderts befindet sich die Bewegung dafür auf einem Höhepunkt.

Im späteren Werk weitet Montessori auch dieses Problem aus. Nicht mehr nur konkrete Sozialreformen werden gefordert, sondern die Entfaltung der kindlichen Kräfte in einer normalisierten Umgebung soll im Dienst des Aufbaus und der Weiterentwicklung der Kultur des Menschen stehen, die Montessori als *Supra-Natur* bezeichnet. Keine individualistische Erziehung also, wie man dies eventuell dem Frühwerk entnehmen könnte – dies wäre sicherlich eine Fehlinterpretation –, sondern eine *kosmische Erziehung*, eine Erziehung des einzelnen Menschen, jedes Menschen, zur produktiven Beteiligung an der Kultur ist vielmehr notwendig. Der Mensch soll lernen, seine Kräfte in den Dienst von Natur und Kultur zu stellen und sich als Teil dieser Bereiche zu verstehen. Zugleich ist er jedoch Ort und Stelle des Ursprungs neuer Kultur, Schöpfer neuer Strukturen der *Supra-Natur*. Aber auch in dieses global-kosmische Verständnis von Pädagogik bleibt die ursprüngliche Sicht der Entwicklung kindlicher Kräfte durch eine normalisierende Umgebung eingebunden. Montessoris Erziehungstheorie bleibt Entwicklungspädagogik.

Diese Zusammenhänge entstehen also in nuce, in ihrem Kern, in der Zeit der Jahre von 1896 bis 1909. 1906, noch vor Eröffnung der ersten

Maria Montessori, um 1898

Casa dei bambini im römischen Stadtviertel San Lorenzo hat Maria Montessori in Auseinandersetzung mit den Schriften von Jean Marc Gaspard Itard und Édouard Séguin bestimmte Materialien und eine spezifische Umgebung konzipiert, die sich zum Großteil nicht mehr ändern werden, deren Grundgedanken sie jedoch in den späteren Jahren auf den Grundschul- und Sekundarschulbereich ausweiten wird. Insbesondere die Anwendung der *Methode* auf den Grundschulbereich ist außerordentlich erfolgreich. Zugleich baut Montessori durch Studien der Anthropologie, der Experimentalpsychologie und der Geschichte der Pädagogik einen Theoriezusammenhang auf, den sie in Vorlesungen von 1904 bis 1908 entfaltet und in ihrem zweiten Buch *L'Antropologia pedagogica* (Pädagogische Anthropologie) von 1910 darstellt. Dieser Zusammenhang ist Grundlage ihrer Methode. Zusammen mit der Beschreibung von Meßverfahren läßt er die Beachtung der kindlichen Eigenaktivität als entscheidenden Erziehungsfaktor erkennen.

Noch vor Öffnung des «Kinderhauses» liegen also entscheidende Bausteine der Entwicklungspädagogik Montessoris weitgehend ausgearbeitet vor: Materialien bzw. Konzeption einer spezifischen Umgebung, Methode der Vermittlung, des Umgangs mit dieser Umgebung, Kriterien und Instrumente zur Erfassung der Wirkung dieser Umgebung und schließlich eine anthropologische Konzeption vom Wesen des Kindes. Das letzte Element allerdings ist deutlich nur Rohentwurf, Skizze. Hier fühlt sich Maria Montessori noch nicht sicher genug. Der Einfluß ihrer naturwissenschaftlichen Ausbildung, die Orientierung am Meßbaren und empirisch Überprüfbaren ist noch zwingend gültig. Aber das Frühwerk Montessoris ist keineswegs empirisch-positivistisch, durch ein naturwissenschaftlich-experimentelles Forschungsinteresse ausschließlich bestimmt, wie dies ihre Kritiker unterstellen, sondern letztlich eben auch durch die Liebe zum Kind.

In dieser Zeitspanne beginnt sich d i e Maria Montessori herauszubilden, die dann weltberühmt geworden ist: durch ihre Methode, durch ihre «Bewegung» (im wesentlichen durch ihre Person bestimmt), durch ihre Auffassung vom Kind – durch ihre Entwicklungspädagogik. Sichtbar wird nun d i e Maria Montessori, die unermüdlich durch die Länder Europas, Amerikas und bis nach Indien reist, in weltweitem Maßstab wirkt und dadurch zu internationalem Ansehen gelangt. Sie ist der Motor ihrer Bewegung. Ihre Pädagogik entwickelt sie in zahlreichen Schriften, in vielen Vorträgen und in Ausbildungskursen durch Demonstration ihrer Methode. Das ist die öffentliche Seite Maria Montessoris, die sich in dieser Zeit zu entfalten beginnt. Sie doziert. Dies sind ihre Wander- und Lehrjahre.

Zugleich vollzieht sich in dieser Zeit eine innere Entwicklung, die kaum zu erschließen ist. Es fehlen alle Selbstzeugnisse.[40] Lediglich im bereits zitierten Brief an Clara (1896) beleuchtet eine Passage blitzartig einen aufschlußreichen Zusammenhang: das Problem körperlicher Liebe.

Plötzlich hörte ich den Professor sagen: ‹Beim Menschen geht die Fortpflanzung im Leibesinnern vor sich.› Mir war, als habe man mein Herz durchbohrt – und wegen dieses Stoßes stieg mir das Blut in kontinuierlichen Wellen langsam in den Kopf. Ich wollte die Ohren spitzen, aber es gelang mir nicht. Das Blut wallte und wallte, und in meinen Ohren war ein solches Rauschen, daß ich keinen anderen Laut mehr hörte. In den Schläfen fühlte ich einen scharfen Schmerz, und mein Kopf fühlte sich so schwer an, daß ich mich anlehnen mußte. Als die Vorlesung zu Ende war, drückte das Blut immer noch auf mein Gehirn.[41]

Es wäre vermessen, diese Bilder, deren Spontaneität unverkennbar ist, ausdeuten zu wollen. Aber diese Metaphern des Eindringens und Überströmtwerdens, Anklänge an Defloration, spiegeln Marias Problem, ihren Konflikt zwischen Wissensdurst und persönlicher Betroffenheit.

Kramer weist deutlich auf Montessoris Leibfeindlichkeit und Prüderie hin, setzt diese aber in Bezug zu den geschilderten Erfahrungen Marias in der Anatomie. Genügt diese Begründung? Kramer: «Die Abneigung gegen die Gerüche und Bilder des Anatomiesaales blieb ihr – eine ihrer eher reizvoll anachronistischen ‹weiblichen› Eigenschaften – bis an ihr Lebensende erhalten. Sie war äußerst scheu in bezug darauf, sich selbst irgendwie zu entblößen – ihre Schülerinnen bemerkten amüsiert, daß sie niemals jemandem gestattete, hinter ihr die Treppe hinaufzugehen; sie mußten immer vorausgehen, und sie kam dann nach – und sie gestand, sie habe *einen Ekel vor allem, was die Natur mit Haut bedeckt hat.* Noch als alte Frau, nachdem sie ein halbes Jahrhundert gelehrt und Vorlesungen gehalten hatte, wandte sie sich, bevor sie eine anatomische Zeichnung zeigte, um einen Vortrag anschaulicher zu machen, zu ihren Hörern und sagte: *Entschuldigen Sie, wenn ich Ihnen dies zeige.*»[42]

Nach dem Tod der Mutter 1912 trägt Maria Montessori nur noch dunkle Kleidung – abgesehen von ihrem Indienaufenthalt. Bereits auf den Fotografien der zwanziger Jahre wirkt sie eher matronenhaft, im Vergleich zu einem ungemein attraktiven Foto von 1898. Kramer zitiert eine Teilnehmerin eines Ausbildungskurses in Rom (1930): «Sie aß gerne... Sie war recht schwer geworden, war verlegen in bezug auf ihre Körperfülle und trug immer lange Kleider in der Mode eines vergangenen Jahrzehnts – wie meine Großmutter sich angezogen hatte. Sie war eine breite Figur in Schwarz.»[43]

In den Jahren nach 1896 wird die persönliche Seite an Maria Montessori, gewissermaßen die «private» Maria Montessori, entscheidend geprägt. Am 31.3.1898 wird ihr Sohn Mario geboren. Er ist das Kind ihrer Beziehung zu Dr. Giuseppe Montesano, mit dem sie in der Psychiatrischen Klinik und dann am neu eröffneten medizinisch-pädagogischen Institut (mit Modellschule) zur Ausbildung von Lehrern für geistig behinderte Kinder seit 1900 eng zusammenarbeitet. Maria zieht das Kind nicht selbst auf, sondern gibt es aufs Land zu Bekannten, besucht es aber häufig. 1913 wird sie Mario endgültig zu sich nehmen, und Mario wird ihr zuverlässiger ständiger Begleiter und der Organisator der «Bewegung». Kramer zweifelt das Geburtsdatum an. Dem stehen die Aussagen Mario Montessoris entgegen.[44] Trotzdem: Insgesamt hat Kramer behutsam diesen nicht unschwierigen Zusammenhang dargestellt. Dabei gilt es nicht nur die Liebesbeziehung zu Montesano zu beachten, sondern auch den Konflikt zwischen Mutterschaft und Karriere, dem Maria sich ausgesetzt sieht. Kramer: «Nach allem, was wir von ihr [der Beziehung Montessoris zu Montesano] wissen, ist es unwahrscheinlich, daß es nur eine flüchtige Affäre gewesen war; sie muß von ihm angezogen gewesen sein als von einem Mann, den sie achtete; vielleicht fand sie sich in ein intellektuelles Abenteuer hineingezogen, das sich zu einer tiefen Gefühlsbindung entwickelte, bevor beide genügend über das nachgedacht hatten, was nach ihrer späteren Entscheidung eine dauernde Verbindung unmöglich machte. – Warum sie nicht geheiratet haben, ist nicht ganz klar. Nach Aussage ihres Sohnes war Dr. Montesanos Familie, und ganz besonders seine Mutter, gegen die Heirat, aber Maria Montessori, die willensstark und gewohnt war, Hindernisse zu überwinden... muß ihre Gründe gehabt haben, den Vater ihres Kindes nicht zu heiraten... Man hat dem Sohn auch gesagt, sie hätten einander versprochen, niemals zu heiraten; Montesano habe dieses Versprechen gebrochen und eine andere Frau geheiratet. Das wiederum habe die Krise ausgelöst... Es bleibt als Erklärung für ihren Abschied und für das, was man nur als ihren Rückzug bezeichnen kann [Maria Montessori gab 1901 die Leitung des Ausbildungsinstituts und der Modellschule auf, an denen sie mit Montesano zusammenarbeitete], nur die übrig, die ihr Sohn gibt: Das traumatische Ereignis war nicht die Geburt ihres Kindes, sondern der Treuebruch seines Vaters.» Kramer fügt noch hinzu: «Vor 75 Jahren hätte die Nachricht, daß sie ein uneheliches Kind zur Welt gebracht habe, die Karriere jeder Frau zerstört; sie hätte Maria Montessoris sämtliche Zukunftshoffnungen beendet, jede Möglichkeit, den Beitrag zu leisten, den sie mittlerweile als den wahren Zweck ihres Lebens ansah.»[45] Und weiter: «Da sie die Erfahrung missen mußte, ihr eigenes Kind zu versorgen, wandte sie ihre Aufmerksamkeit immer mehr den Möglichkeiten zu, den Bedürfnissen anderer Kinder gerecht zu werden.»[46] – In diesen fünf Jahren von 1897 bis 1901 also hat sich möglicherweise ein traumatischer Zusammenhang entwickelt, bei dem Abneigung gegen Montesano und den Mann überhaupt und gegenüber Sexualität im besonderen und Leiblichkeit im allgemeinen ineinanderfließen. Dieses Trauma hätte sich möglicherweise bewältigen lassen, wenn sie ihr Kind selbst gepflegt hätte. So aber erfolgt eine Kompensation ins Allgemein-Pädagogische. Aus der Liebe zu ihrem Kind wird die Liebe zum Kind schlechthin. Der Verzicht auf eine eigene Fami-

Der internationale Kongreß für Frauenbestrebungen in Berlin, 1896. In der Gruppe links vorn Maria Montessori, Marie Stritt, Madame Vincent (Paris) und Henriette Goldschmidt, am Rednerpult Lydia Rabinowitsch

lie, den diese Konstellation begünstigt, wird ausgeglichen durch die familienähnlichen Beziehungen innerhalb der «Bewegung» mit ihren engen Mitarbeitern, meist Frauen, die einen kindähnlichen Status erhalten: «Es gehört zu den paradoxen Zügen der Persönlichkeit Maria Montessoris, daß sie, obwohl sie die Selbständigkeit bei Kindern fördern wollte, so wenig fähig war, bei den Menschen in ihrer Umgebung Selbständigkeit zu dulden. Ihre Schülerinnen waren zunächst gleichsam ihre Kinder; sie nannten sie auch ‹Mammolina›. Wenn sie ‹erwachsen› wurden und merken ließen, daß sie das, was sie von ihr gelernt hatten, verwenden wollten, um sich selbständig zu machen, faßte sie es als Verrat auf, obwohl sie ihnen am Ende wieder verzieh.»[47]

Mario wiederum, erst als Fünfzehnjähriger ihr als ständiger Begleiter und Sohn zugeordnet, vereint männliche und kindliche Züge. In Mario kann Maria das Trauma der doppelten Entsagung von Mann und Kind, aber erst nach langer und nicht abgeschlossener Trauerarbeit, bewältigen. Das Schwarz ihrer Kleidung drückt neben der Tradition Italiens und der

Erinnerung an die Eltern untergründig die Abkehr von Liebe und Sexualität aus. – Über diesen komplexen Zusammenhang läßt sich nur in Annahmen sprechen, da eingehendere Quellen und Selbstzeugnisse fehlen. Positiv ist jedoch, daß Maria Montessori auf die Wissenschaft zurückverwiesen wird. Die Entsagung im Privaten motiviert ihre Arbeit an der *Normalisation* des Kindes durch pädagogische Hilfen. Die Entscheidung fällt gegen Ehe und Mutterschaft, zugunsten von Öffentlichkeit und Pädagogik.

Nachzutragen ist die Chronologie dieser Jahre.[48] Sie spiegelt den Übergang Montessoris von der Medizin zur Heilpädagogik und Normalerziehung.

Nach ihrer Promotion wird Maria Assistenzärztin am Universitätskrankenhaus San Giovanni und eröffnet eine eigene Praxis. Im September 1896 nimmt sie am Internationalen Frauenkongreß in Berlin teil und erregt durch Vorträge zur Frauenemanzipation in Italien Aufsehen. Im November wird sie Assistenzärztin in der Chirurgie am Männerkrankenhaus Ospedale Santo Spirito in Sassia. Ende 1896 erscheint ihre erste medizinische Veröffentlichung: *Sul significato dei cristalli di Leyden nell'asma bronchiale* (Die Bedeutung der Leydener Kristalle bei Bronchialasthma) in einer Fachzeitschrift. 1897 übernimmt sie freiwillig eine Assistentur an der Psychiatrischen Klinik der Universität. Es beginnt die Beziehung zu Dr. Montesano. Maria studiert die Schriften Itards und Séguins und setzt sich mit den Theorien von Achille de Giovanni (Medizinische Anthropologie), Cesare Lombroso (Kriminalanthropologie) und ihres Lehrers Giuseppe Sergi (Pädagogische Anthropologie) auseinander. Von Sergi wird sie die quantitativen Methoden exakter Messung der körperlichen Entwicklung übernehmen. Auf dem nationalen Ärztekongreß in Turin 1897 spricht Maria Montessori über die Ursachen der Kriminalität und über den Zusammenhang von Verbrechen, sozialer Not und fehlender Schulreform. Auf dem nationalen Pädagogenkongreß 1898 fordert sie erneut die Beseitigung der sozialen Mißstände durch Schulreformen, insbesondere die Reform der Erziehung geistig behinderter Kinder. Hier entwickelt sie aus der Lektüre Itards und Séguins die Konsequenz einer Erziehung des Intellekts durch Schulung der Sinne. Im Kern ist damit schon die spezifische Methode Montessoris skizziert, die sie zu dieser Zeit bereits mit behinderten Kindern praktiziert.

Ende 1898 wird Maria Mitglied der Liga für die Erziehung behinderter Kinder. Im Auftrag des italienischen Erziehungsministers hält Maria im Januar 1899 Vorträge über ihre Methode zur Erziehung behinderter Kinder am Lehrerbildungsinstitut des Collegio Romano und reist im Sommer 1899 im Auftrag der Liga zu Vorträgen nach Mailand, Padua, Venedig und Genua. Sie wird ins Kuratorium der Liga gewählt, ist deren Repräsentantin auf dem Frauenkongreß in Rom, hält Vorträge in London und wird von Königin Victoria empfangen. Im Herbst 1899 erhält sie eine

Cesare Lombroso

Dozentur am Lehrerinnenausbildungsinstitut in Rom und liest über Hygiene und Anthropologie. Sie macht sich mit der Geschichte der Pädagogik und mit Erziehungstheorien vertraut. Im Frühjahr 1900 eröffnet die Liga ein medizinisch-pädagogisches Institut mit Modellschule zur Ausbildung von Lehrern für behinderte Kinder. Die Leitung erhält Maria Montessori. Ihr Stellvertreter wird Dr. Montesano, inzwischen Leiter des römischen Irrenhauses. Maria Montessori setzt ihre Arbeit an der Entwicklung einer spezifischen Methode zur Beobachtung und Betreuung geistesschwacher Kinder fort. Nach dem Bruch mit Montesano verläßt sie das Ausbildungsinstitut (1902) und beginnt – neben den übrigen Tätigkeiten – ein Studium der Pädagogik, Experimentalpsychologie und Anthropologie. Auf dem Zweiten nationalen Pädagogenkongreß in Neapel Ende 1902 stellt sie Séguins und ihre Methode heilpädagogischer Betreuung vor. Seit 1904 hält Montessori Vorlesungen über Anthropologie und Biologie am Pädagogischen Institut der Universität Rom. Von 1897 bis 1906 erscheinen weitere medizinische Veröffentlichungen.[49] Die Eröffnung der ersten Casa dei bambini im Januar 1907 verändert das Leben Montessoris nachhaltig und leitet eine neue Phase ihres Lebens ein.

Itard und Séguin

Itard... führte als erster Erzieher die Beobachtung der Schüler in der Praxis durch, und zwar auf ähnliche Weise, wie dies in den Spitälern bei Kranken, besonders Nervenkranken, geschah. Bei den pädagogischen Arbeiten Itards handelt es sich um sehr interessante eingehende Beschreibungen pädagogischer Versuche und Erfahrungen; wer sie heute liest, muß zugeben, daß hier zum erstenmal die Experimentalpädagogik angewandt wurde.

Das Verdienst, ein wirkliches und vervollständigtes Erziehungssystem für geistig zurückgebliebene Kinder entwickelt zu haben, gebührt jedoch Édouard Séguin, der zuerst Lehrer, dann Arzt war. Er ging von Itards Versuchen aus, die er unter Abänderung und Vervollständigung der Methode in zehnjähriger Erfahrung bei Kindern anwandte. (1909)[50]

Itard hat in der Tat aus dem wissenschaftlichen Studium eine Reihe von Übungen abgeleitet, die es ermöglichen, die Persönlichkeit zu verändern, und zwar durch Heilung von Defekten, die das Individuum in einem Stadium von Unterlegenheit hielten. In Wirklichkeit gelang es Itard, halbtaube Kinder, die sonst taub und stumm und folglich dauernd anormal geblieben wären, zum Hören und Sprechen zu bringen. Dies ist wirklich grundverschieden vom einfachen Studium des Individuums durch experimentalpsychologische Tests. Letztere führen nur zur Feststellung der geistigen Persönlichkeit, verändern sie nicht und rühren nicht an die Erziehungsmethoden. Hier jedoch werden die angewandten wissenschaftlichen Mittel zu Maßnahmen, mit deren Hilfe eine Erziehung erfolgt, so daß die Pädagogik selbst sich dadurch verändert. (1948)[51]

Der französische Arzt Jean-Marc Gaspard Itard (1775–1838) gilt als Begründer der Heilpädagogik. Insbesondere durch seine beiden Berichte über einen in den Wäldern von Aveyron aufgewachsenen sprachlosen elf- bis zwölfjährigen Jungen, den er Victor nannte und den er zu erziehen und zu unterrichten versuchte, veranschaulicht er in herausragender Weise die Ideale der Aufklärungsepoche, jeden Menschen zu einem nützlichen Mitglied der Gesellschaft zu erziehen. Das Mittelalter respektierte sinnesgeschädigte und geistesschwache Kinder als gottgewolltes Schicksal und unterwarf sie keinerlei Beeinflussung. Die Aufklärung hingegen

Jean-Marc Gaspard Itard;
Gemälde von Eugène Viala,
undatiert

beschäftigt nicht nur Armen- und Waisenkinder in ‹Industrieschulen›, damit diese Kinder ihren Lebensunterhalt selbst verdienen und dem Staat nützlich werden. Auch sinnes- und geistesbehinderte Kinder werden in den Emanzipationsprozeß der Humanisierung jedes einzelnen Menschen einbezogen. Sie sollen zur aktiven und produktiven Lebensführung befähigt werden.

Letztlich ist Itard bei der Erziehung Victors, der wahrscheinlich idiotisch war, gescheitert. Die von ihm entwickelten Methoden der Sinnesschulung, in zwei Berichten festgehalten[52], werden von seinem Schüler Édouard Séguin (1812–1880) aufgegriffen und in den beiden Hauptwerken «Traitement moral, hygiène et éducation des idiots» (1846) und «Idiocy: its diagnosis and treatment by the physiological method» (1866)[53] weitergeführt. Maria Montessori orientiert sich insbesondere am zweiten Hauptwerk Séguins.

Ausgangspunkt der heilpädagogischen Überlegungen Montessoris ist eine Beobachtung bei Besuchen in den römischen Irrenanstalten. Seit 1897 Assistentin an der Psychiatrischen Klinik, besucht sie Irrenanstalten, um Kinder zur Behandlung auszuwählen. Standing berichtet: «In einem der Irrenhäuser fiel ihr eine Gruppe schwachsinniger Kinder auf, die in einem kerkerartigen Raum wie Gefangene zusammengepfercht waren. Die Aufseherin gab sich keine Mühe, ihre Abneigung gegen die Kinder zu verbergen, und als die junge Ärztin sie fragte, warum sie die Kinder nicht leiden möge, antwortete die Frau: ‹Weil sie sich, kaum daß sie aufgegessen haben, auf den Boden stürzen und die Krümel aufklauben.› Maria Montessori sah sich im Raum um: er enthielt nicht nur keinerlei Spielzeug, sondern überhaupt keinerlei Gegenstände, nichts, was die Kinder in die Hand nehmen, womit sie sich hätten beschäftigen können. Ob sie vielleicht gar nicht nach Nahrung, sondern nach etwas ganz anderem und Höherem hungerten? Sehr wahrscheinlich konnten die armen Geschöpfe ihre Intelligenz nur auf einem Wege nähren: durch ihre Hände, und instinktiv hatten sie diesen Weg auf die einzige ihnen mögliche Weise gesucht...

Diese unglücklichen Geschöpfe, sagte sie, *mußten gleichsam erst erschaffen werden, um ihren Platz in einer zivilisierten Gesellschaft wieder einnehmen zu können. Ihnen zur Unabhängigkeit von der Hilfe anderer und zur Menschenwürde zu verhelfen, das war eine Aufgabe, die so an mein Herz appellierte, daß ich jahrelang nicht von ihr loskam.*[54]

Dem Ausbildungsinstitut für Behindertenlehrer war eine Modellschule angeschlossen. Hier experimentiert Maria Montessori mit sinnesaktivierenden Materialien: *Danach setzte ich meine Versuche an geistig zurück-*

Victor, der Wilde von Aveyron,
Itards Zögling

Édouard Séguin

gebliebenen Kindern in Rom fort und erzog sie zwei Jahre lang. Ich orientierte mich an Séguins Buch und beherzigte Itards großartige Erfahrungen. Außerdem ließ ich ein besonders reichhaltiges Lehrmaterial erstellen, wobei ich mich auf diese Texte stützte. Dieses Material, das ich in keinem Institut vollständig vorfand, war ein hervorragendes Instrument in den Händen derer, die es zu benutzen verstanden, doch für sich allein blieb es bei geistig Zurückgebliebenen unbeachtet... Der Lehrer schwachsinniger Kinder gerät in eine Art Apathie: er weiß, daß er minderwertige Menschen erzieht und deshalb gelingt ihm ihre Erziehung nicht... Man muß vielmehr verstehen, in der Seele des Kindes den darin schlummernden Menschen anzusprechen.

Ich hatte diese Intuition: und ich glaube, daß nicht das didaktische Material, sondern diese meine Stimme, die sie anrief, die Kinder weckte und dazu antrieb, das didaktische Material zu benutzen und sich selbst zu erziehen. (1909)[55]

Der entscheidende Gedanke bei Itard und Séguin ist die «physiologische Methode» (Séguin), die Einheit von Intellekt und Sinnestätigkeit bzw. Motorik und die Aktivierung des Intellekts durch Einwirkung auf die Sinne und den Bewegungszusammenhang. Geistige Behindertheit äußert sich ja zunächst als Sinnesschädigung. Die Aktivierung des Geistes geschieht daher über die Übung der Sinne. Durch die Peripherie wird auf das Zentrum eingewirkt. Itards Victor wirkte taubstumm, war aber über das Gehör ansprechbar.

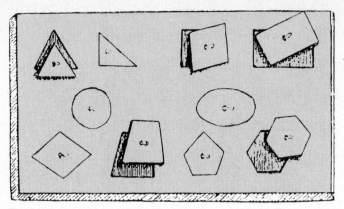
Das kleine Formenbrett Séguins

Itard erfand eine eigene Methode des Lesenlernens: «Er klebte einen roten Kreis, ein blaues Dreieck und ein schwarzes Viereck auf ein Brett und gab dem Jungen drei Stück Pappe der gleichen Größe, Form und Farbe, die er auf die Figuren legen sollte. Von dieser Übung ging er zu komplizierteren über, und schließlich zu einem Satz von Pappbuchstaben, der einem Satz von Metallbuchstaben entsprach. Das Sortieren und Ordnen zu gleichen Paaren führte schließlich dazu, daß der Junge die Buchstaben LAIT heraussuchte, wenn er Milch wollte.»[56] Der Versuch des Lesens wird also mit manueller Tätigkeit gekoppelt. Dieser Zusammenhang spielt auch bei Montessori eine Rolle.

Itard hat aber vor allem zwei Prinzipien entwickelt, die dann bei Séguin und vor allem bei Maria Montessori eine zentrale Rolle spielen werden. Da ist zum einen die Isolierung des einzelnen Sinnes beim Training: Man denke etwa an Montessoris unterschiedlich große Einsatzzylinder, die der Schulung des Auges dienen, das Unterschiede in der Ausdehnung erkennen muß.[57] Zum anderen wird das Prinzip wirksam, von zwei grob unterschiedlichen Sinneseindrücken zu immer feineren Unterschieden zu gelangen. Dieses Verfahren veranschaulichen etwa Montessoris Farbtäfelchen mit acht Grundfarben und jeweils acht Abtönungen. Während das unterschiedliche Farbenpaar gut zu erkennen ist (etwa rot-blau), machen die Nuancen in der paarweisen Zuordnung einige Schwierigkeiten und fordern die Konzentration heraus.[58] Als Beispiel für die Sinnesisolierung eine Stelle aus dem zweiten Bericht Itards:

«Da von allen Sinnen der Gehörsinn derjenige ist, welcher hauptsächlich zur Entwicklung unserer intellektuellen Fähigkeiten beiträgt, nahm ich zu allen erdenklichen Auskunftsmitteln meine Zuflucht, um das Gehör unseres Wilden aus seiner langjährigen Stumpfheit zu wecken. Ich kam zu dem Schlusse, daß man dieses Organ, um es zu wecken, gleichsam isolieren müsse... Demzufolge verband ich Victors Augen mit einer dichten Binde und ließ an sein Ohr die stärksten und einander unähnlichsten Töne schallen. Meine Absicht war, sie ihm nicht nur zu Gehör zu bringen, sondern auch von ihm unterscheiden zu lassen.»[59]

Séguin entwickelte abgestufte Übungen zur Entwicklung der Motorik (Turngeräte wie Leitern und Schaukeln) und trainierte die Sinneswahrnehmung: Nägel, die in Löcher gesteckt, geometrische Figuren, die eingepaßt, farbige Kugeln, die eingeordnet und verschieden lange Stöcke, die sortiert werden mußten.

Séguin kannte auch bereits die Übung, eine Jacke zuzuknöpfen und einen Schuh zuschnüren zu müssen. Dazu Séguin selbst: «Die Klötze in Dominoform mit ihren wohl bestimmten Dimensionen werden miteinander kombiniert und übereinander gelegt, um dem Griff Festigkeit zu geben. Andere Klötze wie die beim Bauen verwendeten oder andere Kombinationen werden genügen. – Das Nagelbrett, das mit Löchern durchbrochen ist, in die einige Nägel genau passen, die das Kind hineinsteckt und dann herauszieht, um die Hand in Präzision zu üben. – Das Hineinpassen geometrischer Figuren in ihre entsprechenden vertieften Formen. – Das Aufheben einer Sammlung winziger Gegenstände wie Glasperlen, Stecknadeln, dünner Pappendeckel, Oblaten usw. mit den Fingern von einer glatten Tafel. – Das Aufwickeln von Schnüren verschiedener Größen und das Ziehen von Seilen. – Das Drücken auf einen Mechanismus, um angenehme Töne oder Bilder hervorzurufen. – Das Zu- und Aufknöpfen, Zu- und Aufschnüren, das Auffädeln von Perlen usw. Diese und noch manche andere derartigen Übungen sind genau berechnet, um des Kindes Finger allen möglichen Formen anzupassen und sie für alle möglichen aggressiven Arbeiten und alle möglichen Stoffe vorzubereiten.»[60] Und ein Beleg für das Sinnestraining durch Kontraste und deren Verfeinerung bei Séguin: «Der Kontrast ist eine Kraft. Kinder werden bei Nebeneinanderstellung von Gegensätzen verstehen und tun, was sie bei einzelner Vorführung oder Nebeneinanderstellung von Ähnlichkeiten nicht getan hätten. In anderen Fällen bewährt sich das Gegenteil als erfolgreich; auch Ähnlichkeit ist eine Kraft... Zu diesem Zwecke sind unähnliche Dinge durch Gegenüberstellung zu lehren; eine Übung mit den Augen ist von einer mittels der Finger abzulösen, Sitzen durch Stehen, aufmerksames Schweigen durch Ausstoßen von Lauten. Wenn wir dies tun, geben wir dem Geiste durch Abwechslung ebenso Nahrung wie Ruhe...»[61]

Maria Montessori übernimmt Theorie und Praxis ihrer «Lehrmeister» und führt doch zugleich über sie hinaus. Sie verfeinert und systematisiert das Ganze der Materialien. Es entsteht das *didaktische Material*. Und sie überträgt die Funktion dieser Materialien auf die Normalerziehung. An-

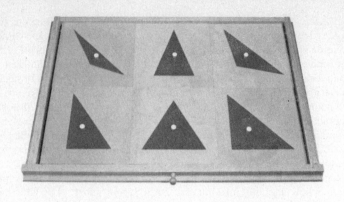

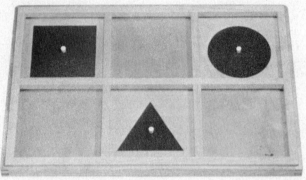

Übungsmaterial Maria Montessoris zur Entwicklung des Form- und Muskelsinns

ders gesagt: Sie entdeckt, daß der Umgang nicht-behinderter Kinder mit diesen Materialien bei den Kindern eine Veränderung herbeiführt – eine *Explosion*, eine *Konzentration*, die *Normalisation* des Verhaltens:

Es gelang mir, einigen geistig Zurückgebliebenen aus dem Irrenhaus Lesen und korrektes Schreiben in Schönschrift beizubringen. Diese Kinder konnten danach in einer öffentlichen Schule zusammen mit normalen Kindern eine Prüfung ablegen, die sie auch bestanden... Während alle die Fortschritte meiner Idioten bewunderten, machte ich mir Gedanken über die Gründe, aus denen glückliche und gesunde Kinder in den gewöhnlichen Schulen auf so niedrigem Niveau gehalten wurden, daß sie bei Prüfungen der Intelligenz von meinen unglücklichen Schülern eingeholt wurden.[62]

Das Problem der geringen geistigen Leistungsfähigkeit normaler Schulkinder sieht Montessori in der ungenügend aktivierenden Umgebung der Schule selbst. Durch Materialien erhofft sie sich eine grundlegende Verbesserung schulischer, aber auch vorschulischer Erziehungspraxis: *Ich war ganz sicher, daß ähnliche Methoden, wie ich sie bei den Schwachsinnigen angewandt hatte, auch normaler Kinder Persönlichkeit entwickeln und auf das wunderbarste und überraschendste befreien würde.*[63]

Casa dei bambini

Als ich meine ersten Versuche unter Anwendung der Prinzipien und eines Teils des Materials, die mir vor vielen Jahren bei der Erziehung schwachsinniger Kinder geholfen hatten, mit kleinen normalen Kindern von San Lorenzo durchführte, beobachtete ich ein etwa dreijähriges Mädchen, das tief versunken war in der Beschäftigung mit einem Einsatzzylinderblock, aus dem es die kleinen Holzzylinder herauszog und wieder an ihre Stelle steckte. Der Ausdruck des Mädchens zeugte von so intensiver Aufmerksamkeit, daß er für mich eine außerordentliche Offenbarung war. Die Kinder hatten bisher noch nicht eine solche auf einen Gegenstand fixierte Aufmerksamkeit gezeigt. Und da ich von der charakteristischen Unstetigkeit der Aufmerksamkeit des kleinen Kindes überzeugt war, die rastlos von einem Ding zum anderen wandert, wurde ich noch empfindlicher für dieses Phänomen.

Zu Anfang beobachtete ich die Kleine, ohne sie zu stören, und begann zu zählen, wie oft sie die Übung wiederholte, aber dann, als ich sah, daß sie sehr lange damit fortfuhr, nahm ich das Stühlchen, auf dem sie saß, und stellte Stühlchen und Mädchen auf den Tisch; die Kleine sammelte schnell ihr Steckspiel auf, stellte den Holzblock auf die Armlehnen des kleinen Sessels, legte sich die Zylinder in den Schoß und fuhr mit ihrer Arbeit fort. Da forderte ich alle Kinder auf zu singen; sie sangen, aber das Mädchen fuhr unbeirrt fort, seine Übung zu wiederholen, auch nachdem das kurze Lied beendet war. Ich hatte 44 Übungen gezählt; und als es endlich aufhörte, tat es dies unabhängig von den Anreizen der Umgebung, die es hätte stören können; und das Mädchen schaute zufrieden um sich, als erwachte es aus einem erholsamen Schlaf. – Mein unvergeßlicher Eindruck glich, glaube ich dem, den man bei einer Entdeckung verspürt.[64]

Wie ein roter Faden zieht sich diese Geschichte durch das literarische Werk Maria Montessoris. Sie ist noch nicht in ihrem ersten großen Erfolgsbuch *Il metodo* (*Selbsttätige Erziehung im frühen Kindesalter*) enthalten, wohl aber in den folgenden Werken, am ausführlichsten in *L'autoeducazione nelle scuole elementari* (1916; *Montessori – Erziehung für Schulkinder / Schule des Kindes*)[65], aber auch in *Dr. Montessoris own Handbook* (1914; *Mein Handbuch*)[66] und in *Das Kind in der Familie*

Aus dem Sinnesmaterial Maria Montessoris: Einsatzzylinder

(1923).[67] Selbst im Spätwerk *The Secret of Childhood* (1936; *Kinder sind anders*) findet sich noch eine ausführliche Darstellung dieser berühmten Szene[68], die als «Montessori-Phänomen» in die Geschichte der Pädagogik eingegangen ist.

Diese Szene dokumentiert, wie Maria Montessori seit 1907 arbeitet. Sie veranschaulicht die Anwendung ihres Sinnesmaterials für Behinderte bei «normalen» Kindern. Sie demonstriert die Lösung, das Ergebnis dieser Anwendungs- und Übertragungsversuche, das Ereignis, das Montessori als *Entdeckung* beschreibt. Die Übertragung didaktischen Materials in den Bereich der Normalerziehung ist ja nicht unproblematisch. Man geht zunächst davon aus, daß Sinnestätigkeiten und Motorik des «normalen» Kindes optimal funktionieren und daß bei mangelnden intellektuellen Leistungen eine entsprechende Schulung geistiger Fähigkeiten angemessen ist. Das von Montessori beobachtete Phänomen zeigt gerade das Gegenteil: Sichtbar wird eine Einheit von Sinnestätigkeit und Bewegung. Diese bringt durch Wiederholungen Konzentration hervor. Die intellektuellen Kräfte werden also indirekt aktiviert.

Montessori fährt in ihrem Bericht fort: *Jedesmal, wenn eine solche Polarisation der Aufmerksamkeit stattfand, begann sich das Kind vollständig zu verändern. Es wurde ruhiger, fast intelligenter und mitteilsamer. Es offenbarte außergewöhnliche innere Qualitäten, die an die höchsten Bewußtseinsphänomene erinnern, wie die der Bekehrung. Es schien, als hätte sich in einer gesättigten Lösung ein Kristallisationspunkt gebildet, um den sich dann die gesamte chaotische und unbeständige Masse zur Bildung eines wunderbaren Kristalls vereinte. Nachdem das Phänomen der Polarisation der Aufmerksamkeit stattgefunden hatte, schien sich in ähnlicher Weise alles Unorganisierte und Unbeständige im Bewußtsein des Kindes zu einer inneren Schöpfung zu organisieren, deren überraschende Merkmale sich bei jedem Kinde wiederholten.*

Das ließ an das Leben eines Menschen denken, das sich zwischen den Dingen in einem niederen chaotischen Zustand verlieren kann, bis eine besondere Sache es intensiv anzieht und fixiert – dann erlebt der Mensch die Offenbarung seiner selbst, und er fühlt, daß er zu leben beginnt.[69]

Das ist die zentrale Einsicht Maria Montessoris, die sie bei ihrer Arbeit im Kinderhaus im römischen Stadtteil San Lorenzo 1907 erfährt: Die geistigen Kräfte können durch Angebote seiner Umgebung aktiviert werden. Sie äußern sich dann eruptiv, explosionsartig. Sie werden aber nicht im direkten Zugriff durch Erziehung aktiviert, sondern im freien Umgang des Kindes mit Materialien, die es seine Sinne, seine Motorik und dann eben auch seine ganze geistige Kraft auf den Gegenstand konzentrieren lassen. Das Sinnesmaterial ist also *Kristallisationspunkt*, der «Faden» für die «Lösung» der Kräfte, der auslösende Faktor oder Katalysator dafür, daß die geistigen Kräfte gebündelt werden und nach außen treten. Montessori nennt dies die *Polarisation der Aufmerksamkeit*. Dies also ist das Ergebnis von Montessoris Arbeit in der Casa: Geistig nicht behinderte, nicht sinnesgeschädigte Kinder im Vorschul- und Schulalter sind keineswegs als «normal» hinsichtlich ihrer geistigen Aktivität zu betrachten. Vielmehr: Ihre geistige Kraft kann aktiviert werden durch Materialangebote, die das Kind ganz fordern, seine Aufmerksamkeit vollständig in Anspruch nehmen. Die weitere Forschung Montessoris konzentriert sich daher nun auf diese Fragen: Wenn das Sinnesmaterial für behinderte auch für «normale» Kinder brauchbar ist, die so ihre eigentliche «Normal-

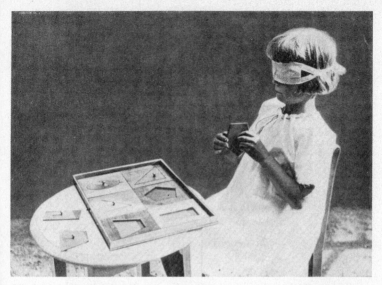

Blindübung mit geometrischen Einsatzstücken zur Unterstützung des Tastsinns

heit» oder *Normalisation*, wie Montessori später sagen wird, erreichen können – welche weiteren Angebote und Materialien, welche spezifische Umgebung also unterstützt diesen Prozeß? Gibt es für spezifische psychische Kräfte und Funktionen spezifische Angebote? Wie ist überhaupt die Psyche beschaffen, die eine *Polarisation der Aufmerksamkeit* ermöglicht? Was bedeutet die Entdeckung des «Montessori-Phänomens» für die Schule? Kann es eine aktivierende Umgebung für Grundschüler oder gar für den Sekundarschulbereich geben? Welche Funktion erhält der Lehrer, wenn die *Normalisation* zwischen Kind (Schüler) und Gegenstand (didaktischem Material) geschieht? Wird er überflüssig? – Die weitere Geschichte der Montessori-Pädagogik, ihre Ausbreitung als konkrete Praxis in Kindergärten und Schulen, als internationale «Bewegung» und als Ausarbeitung von Theoriezusammenhängen in Vorträgen und Schriften stellt die Antwort auf diese Fragen dar.

Der Ausgangspunkt für das Montessori-Phänomen aber ist die Existenz der Casa dei bambini im römischen Stadtviertel San Lorenzo. Rom ist seit 1870 Hauptstadt des geeinten Italien und erlebt zu dieser Zeit einen Bauboom. Die Boden- und Mietspekulation greift um sich. Geplante Wohnbauten können nicht zu Ende gebaut werden. In den Bauruinen machen sich Kriminalität und Prostitution breit. In San Lorenzo, wo sich diese Entwicklung besonders drastisch vollzieht, werden halbfertige

Das Kinderhaus in der Via Giusti in Rom, um 1909

Bauten im Rahmen eines Stadterneuerungskonzepts notdürftig saniert und Familien der unteren Schichten zugewiesen. Das Problem ist die Betreuung der noch nicht schulfähigen Kinder, da aus Gründen der Mietsicherung darauf geachtet wird, daß auch die Frauen dieser Familien durch ihre Arbeit zum Unterhalt der Familie beitragen. Die Leitung der Sanierungsgesellschaft, eine Gruppe von Bankiers, tritt an Maria Montessori heran mit der Bitte, eine Betreuungsperson zu besorgen. Da Maria Montessori schon lange beabsichtigt, ihre Arbeitsmethode mit Behinderten auf normale Kinder zu übertragen, nimmt sie selbst diese Stelle ein und leitet die erste Casa dei bambini, die am 6. Januar 1907 eröffnet wird.[70] Die Ausstattung ist ärmlich. Aber Montessori besorgt eine Aufsichtsperson für die rund zwei- bis sechsjährigen ziemlich verwahrlosten, aber körperlich-geistig gesunden Kinder, organisiert durch Spenden Tische und Materialien und beginnt die Betreuung. Zwei Jahre leitet sie das Kinderhaus in San Lorenzo. Die Erfolge führen rasch zu weiteren Gründungen von Kinderhäusern in Rom, dann in Mailand und Anfang 1909 auch in der italienischsprachigen Schweiz. Mit der Veröffentlichung ihres ersten Buches *Il metodo della pedagogia scientifica applicato all'educazione infantile nelle case dei bambini* (*Die Methode der wissenschaftlichen Pädagogik, angewandt in der Erziehung des Kindes in der Casa dei bambini*) von 1909 beginnt der Siegeszug ihrer Methode und die internationale Ausbreitung von Kinderhäusern und Montessori-Schulen.

In ihren Schriften erwähnt Montessori auch die Geschichte der ersten Casa.[71] Dies gilt insbesondere für die 4. Auflage von *Il metodo* 1948 (*The Discovery of the Child/Die Entdeckung des Kindes*), in der Montessori ausführlich die Eröffnung beschreibt. Noch im Rückblick nach über vierzig Jahren schwingt ein Pathos hoher Erwartung und Aufbruchsstimmung mit:[72]

Am 6. Januar wurde die erste Gruppe von über 50 kleinen Kindern zusammengestellt. Es war interessant, diese kleinen Wesen zu sehen, die sich so stark von denen unterschieden, welche die üblichen schulgeldfreien Schulen besuchten. Sie waren schüchtern und unbeholfen, sahen dumm und unzurechnungsfähig aus. Sie waren nicht in der Lage, in einer Reihe hintereinander zu gehen, und die Lehrerin ließ jedes Kind den Schürzenzipfel des vor ihm laufenden packen, so daß sie sich wie im Gänsemarsch fortbewegten.

Sie weinten und alles schien ihnen Angst einzuflößen. Sie waren wirklich wie eine Gruppe wilder Kinder. Gewiß, sie hatten nicht wie der Wilde aus dem Aveyron in einem Wald unter Tieren gelebt, aber in einem Wald verlorener Menschen, außerhalb der Grenzen der zivilisierten Gesellschaft...

Ich wurde um eine Ansprache gebeten... nahm ganz allgemein auf das hier begonnene Werk Bezug und las den Teil einer Weissagung zu dem von der katholischen Kirche am 6. Januar begangenen Epiphaniefest, dem Tag, der für die Eröffnung des Kinderhauses gewählt worden war: Jesaja, Kap. 60: ‹Mache dich auf, werde licht, denn dein Licht kommt, und die Herrlichkeit des Herrn geht auf über dir. Denn siehe, Finsternis bedeckt das Erdreich und Dunkel die Völker; aber über dir geht auf der Herr, und seine Herrlichkeit erscheint über dir...›[73] *– ‹Vielleicht›, fuhr ich zum Abschluß fort, ‹kann dieses Kinderhaus ein neues Jerusalem werden und dadurch Licht in die Erziehung bringen, daß weitere Häuser dieser Art unter den Entrechteten vermehrt entstehen.›* 1942 bemerkt Montessori anläßlich des 35. Jahrestages der Eröffnung der ersten Casa: *Ich weiß nicht, was mich* *überkam, aber ich hatte eine Vision, und von ihr inspiriert geriet ich in Feuer und sagte, diese Arbeit, die wir auf uns nähmen, würde sich als sehr bedeutsam erweisen und eines Tages würden Leute von überallher kommen, um sie anzuschauen. In der Presse hieß es, Dr. Montessori habe eine schöne Rede gehalten, aber welche Übertreibung habe sie sich geleistet! Von da an begann die wirkliche Arbeit.*[74]

Und in der Tat: Nach kurzer Zeit begannen sich die Kinder zu verändern: *Die Kinder, die vorher verschüchtert oder wild gewesen waren, wurden nun gesellig und mitteilungsfreudig. Es ergaben sich andere Beziehungen zwischen ihnen. Ihre Persönlichkeit entwickelte sich, und sie zeigten außerordentliches Verständnis, Aktivität, Lebhaftigkeit und Selbstvertrauen. Sie waren glücklich und fröhlich.*[75] – Diese *Normalisation* der verwahrlosten Kinder von San Lorenzo, von Montessori in eindrucksvoller Weise als Erweckungsprozeß beschrieben, beruht jedoch nicht nur auf dem Umgang der Kinder mit den Sinnesmaterialien, sondern auf der Gestaltung der Casa als echtes «Kinderheim»: Tische und Stühle sind der Größe der Kinder angemessen und pflegeleicht, also von den Kindern selbst abwaschbar, ebenso die Schränke (für das Material) und kleine Kommoden mit Schubfächern für jedes Kind, sowie kleine Waschtische. Im Speisezimmer befinden sich in niedrigen Schränken kindgemäßes Geschirr und Besteck. Bilderschmuck an den Wänden und Topfpflanzen vermitteln eine familiäre Atmosphäre.[76] Jedes Kind kann sich frei verhalten und gemäß seinen Impulsen aktiv werden. Die Betreuung respektiert die Würde des Kindes. Sie lenkt nicht, vermittelt aber Anregungen. Die eigentliche Erziehung geschieht durch die Umgebung, die Materialien, die Tätigkeiten.

Im Grunde beschränkt sich hier Erziehung als Einwirkung Erwachsener auf das Kind auf gewünschte Hilfen und Erläuterungen. Entscheidend ist die freie Wahl der Gegenstände und die sich darin vollziehende Selbstaktivierung der kindlichen Kräfte. Sie können nach Montessori prinzipiell nicht gesteuert werden. Ihre Sinnesmaterialien sind so konstruiert, daß sie eine Überprüfung der Leistung durch das Kind ermöglichen und die Erfolgskontrolle durch den Lehrer überflüssig machen. Die zehn Zylinder mit unterschiedlichem, abnehmendem Durchmesser passen eben nur in ganz bestimmter Reihenfolge in die Löcher des Blocks, und das muß mit dem Gesichtssinn erkannt werden. Die Lehrerin zeigt zwar die Benutzung des Materials ausführlich und geduldig. Aber den eigenen Umgang des Kindes mit dem Material beeinflußt sie nicht. Montessori nennt dies die Respektierung der Eigenwürde und Selbstkraft des Kindes.

Ein diese Respektierung eindrucksvoll demonstrierendes Beispiel erzählt Maria Montessori in einem ihrer späteren Hauptwerke, *The Secret of Childhood (Kinder sind anders)*, in dem sie ihre Theorie der Psyche mit der Praxis ihrer Methode von San Lorenzo verbindet: *Einmal kam es mir in den Sinn, eine Art humoristischer Unterrichtsstunde darüber abzuhal-*

Der Gruppenraum eines Montessori-Kinderhauses

Sinnesmaterial für Kinder im Vorschulalter nach Maria Montessori

Wasserschütten, eine praktische Übung des Lebens

ten, wie man sich die Nase putzt. Nachdem ich verschiedene Arten der Benutzung des Taschentuchs nachgeahmt hatte, zeigte ich den Kindern zuletzt, wie man es anzustellen habe, um möglichst wenig Lärm zu verursachen und das Taschentuch unauffällig zur Nase zu führen. Die Kinder hörten und sahen mir mit größter Aufmerksamkeit zu und lachten nicht; ich aber fragte mich, warum ich mit dieser seltsamen Lektion solchen Erfolg gehabt hatte. Kaum war ich am Ende angelangt, da brach ein Applaus los, der an ein begeistertes Theaterpublikum denken ließ... Meine Lektion ließ den Schülern Gerechtigkeit zuteil werden und ermöglichte ihnen einen Schritt aufwärts in der Gesellschaft. – Diese Deutung mußte sich mir aufdrängen, als ich mir in langer Erfahrung darüber klar wurde, daß Kinder einen tiefen Sinn für persönliche Würde besitzen und daß ihr Gemüt in einem Maße verletzt und eiterig werden kann, wie der Erwachsene sich dies nie vorzustellen vermöchte.

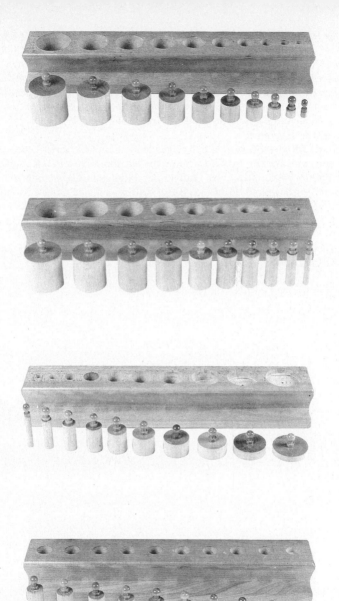

Die Einsatzzylinderblöcke Maria Montessoris zur Übung der Wahrnehmung und zur Vorbereitung der Begriffsbildung

An jenem Tag war noch nicht alles zu Ende. Als ich nämlich fortgehen wollte, riefen die Kinder wie auf Verabredung: ‹Danke, danke für den Unterricht!› und auf der Straße folgten sie mir längs des Gehsteigs in schweigender Prozession, bis ich ihnen sagte: ‹Auf dem Weg zurück lauft auf den Zehenspitzen und achtet darauf, an der Mauerecke nicht anzustoßen.› Da kehrten sie bereitwillig um und verschwanden im Tor des Hauses, als ob sie Flügel hätten. Ich hatte diese armen kleinen Kinder wirklich in ihrer sozialen Würde angerührt.[77]

Maria Montessori wird in den folgenden Abschnitten ihres Lebens als Person zurücktreten. Ihr Werk, ihre Schriften, ihre weltweiten Reisen zur Verbreitung ihrer Idee, der Aufbau der Montessori-Bewegung stehen nun im Vordergrund. Fotos aus dieser Zeit zeigen eine andere Montessori: «Sie war jetzt nicht mehr das blühende junge Mädchen, das nach dem Examen durch seine Attraktivität und Wortgewandtheit in Erstaunen versetzt hatte. Gegen Ende Dreißig war sie eine etwas stattliche Erscheinung, immer noch hübsch, aber allmählich beleibter, immer noch selbstsicher, aber ein wenig würdevoller.»[78]

«Il metodo»

Ich habe nicht die Absicht, eine Abhandlung über wissenschaftliche Pädagogik vorzulegen. Diese Vorbemerkungen dienen dem bescheidenen Zweck, die hochinteressanten Ergebnisse eines pädagogischen Versuches bekanntzugeben, der, wie es scheint, den Weg zur praktischen Durchführung neuer Methoden aufzeigt, durch welche die Pädagogik stärker zur Anwendung wissenschaftlicher Versuche gebracht werden soll.[79]

Wir nennen einen Wissenschaftler den Menschen, der empfindet, daß der Versuch die Möglichkeit bietet, die tiefgründigen Wahrheiten des Lebens zu erforschen... Es existiert also ein ‹Geist› des Wissenschaftlers über einem ‹Mechanismus› des Wissenschaftlers... Nun bin ich der Auffassung, daß wir bei den Lehrern stärker den Geist als den Mechanismus des Wissenschaftlers schulen müssen.[80]

Was wir versuchen, ist, den einzelnen Menschen mit dem strengen Opfergeist des Wissenschaftlers und dem Geist unaussprechlicher Verzückung eines solchen Mystikers zu erfüllen – dann haben wir den Geist des ‹Lehrers› vollkommen vorbereitet. Denn er wird vom Kind selbst die Mittel und den Weg für seine eigene Erziehung lernen, das heißt, er wird vom Kind lernen, sich als Erzieher zu vervollkommnen.[81]

Die Schule muß die freie Entfaltung der kindlichen Aktivität ermöglichen, damit dort die wissenschaftliche Pädagogik entsteht; dies ist die wesentliche Reform.[82]

Meine vorliegende Studie behandelt speziell die Methode der Experimentalpädagogik; sie ergibt sich aus meinen Erfahrungen in Kindergärten und in den ersten Grundschulklassen. (1909)[83]

1936 formuliert Montessori das Grundanliegen von San Lorenzo so: *Eine geeignete Umgebung, eine demütige Lehrperson und wissenschaftliches Material – das waren die drei wichtigsten äußeren Gegebenheiten.*[84]

Montessori strebt in San Lorenzo drei Ziele an: Sie will zum einen eine wissenschaftliche Leistung erbringen. Sie legitimiert ihre Tätigkeit als exakte Forschung, als Experimentalprogramm. Sie will ferner verwahrloste Kinder bzw. Kinder im Vorschul- und Schulalter überhaupt zu ihrer «Natur», ihren Kräften verhelfen, indem diese durch Anregungen entfaltet werden. Diese Kräfteentfaltung ist nur teilweise beobachtbar. Und

Maria Montessori bei einer Übung mit Buchstaben aus Sandpapier, um 1909

schließlich will sie ein verändertes Bewußtsein der Lehrer in den Schulen bzw. der betreuenden Personen in Vorschuleinrichtungen erzeugen. Auch dieses Ziel ist nicht eindeutig zu bestimmen, wohl aber durch wissenschaftliche Experimente beschreibbar. Das Axiom für die Exaktheit des Experimentalprogramms bildet der Einsatz des Sinnesmaterials, also das Ergebnis der medizinisch-heilpädagogisch gewonnenen, sich in Materialien manifestierenden wissenschaftlichen Einsichten Itards und Séguins. Ihnen stehen anthropometrische Messungen mit dem *Anthropometer* bzw. *Pädometer* und das Führen von Tabellen und Statistiken über bestimmte körperliche Merkmale zur Seite. Montessori greift hier auf Ergebnisse der Pädagogischen Anthropologie Sergis zurück. Gewonnen werden vergleichende Ergebnisse über Körpergröße, Gewicht und Brustumfang etwa. Diese Ergebnisse werden dann in einer *Biographiekarte* für jedes Kind zusammengefaßt. Diese Daten spiegeln die durch Beobachtung erfaßte körperliche und psychische Entwicklung des einzelnen Kindes.[85] Dieses Programm einer Experimentalpädagogik war Grundlage ihrer Vorlesungen am Pädagogischen Institut der Universität Rom (ab 1904) und ihres zweiten Buchs von 1910.[86] Es spiegelt sich auch in *Il metodo* im Kapitel *Morphologisches Wachstum*, wo Montessori Schemata und Indices (Meßbereiche bzw. Meßwerte) auflistet: Kopfumfang, dessen beide größten Durchmesser; Umfang des Brustkorbs; Schädel-, Gewichts- und Größenindex. Montessori fordert monatliche Größen- und wöchentliche Gewichtsmessungen.[87]

Il metodo ist aber keineswegs nur und ausschließlich eine Darstellung anthropometrischer Verfahren, sondern vielmehr im wesentlichen ein

Bericht über das pädagogische Experimentalprogramm von San Lorenzo. Insofern stehen die Darstellung des Umgangs mit dem Material, die Beschreibung der *Umgebung* im Kinderhaus und die Kennzeichnung der Funktionen der Lehrerin im Mittelpunkt. Auch die Geschichte der Casa findet Beachtung wie auch die Begründung des didaktischen Materials in Itards und Séguins Versuchen mit geistig Behinderten. Ausführlich wird der Schreib- und Leseprozeß als Teil der Erziehungspraxis der Casa beschrieben. Vorübungen dazu bietet die Schulung der Hand, des Tastsinns beim Ertasten von rauher und glatter Oberfläche der rechtwinkligen Täfelchen und dem Ertasten der Form geometrischer Einsatzkörper – also Übungen, die zugleich einen spezifischen Sinn und den Bewegungsablauf koordinieren. Denn beidesmal ist schließlich die Bewegung der Hand nicht spontan-ungelenk und «fahrig», sondern durch die spezifische Funktion der Sinnesschulung bestimmt und an diese gebunden. Dies gilt nun auch für das Schreiben, das ebenfalls einen geregelten Bewegungsab-

Maria Montessoris Pädometer

Arbeit mit Sandpapierbuchstaben zur Vorbereitung des Lesens und Schreibens

lauf darstellt. Die direkte Vorbereitung auf das Schreiben geschieht bei Montessori in zweifacher Weise.[88] Schreiben bedeutet bekanntlich die motorische Führung eines Schreibinstruments durch die Hand und die optische Orientierung an einer Buchstaben- bzw. Wortgestalt, die durch eine Schreibbewegung wiedergegeben, abgebildet werden soll. Montessori zerlegt daher die Schreibvorübung in zwei Handbewegungsübungen. Die eine dient zum Training der Beherrschung des Schreibinstruments, die andere übt die Form der Buchstaben ein. Montessori korrigiert dabei Séguin, der von der Antiqua (Druckbuchstaben) ausging und diese geometrisch begründete, damit aber dem Bewegungsablauf des Schreibvorgangs unnötige Hindernisse in den Weg legte. Die Übung zur Beherrschung des Schreibinstruments sieht so aus: Zunächst nimmt das Kind aus einem Metallrahmen mit metallenen geometrischen Einsatzfiguren eine Figur heraus, legt den Rahmen des Metalleinsatzes auf ein Blatt Papier, hält ihn mit der einen Hand fest und fährt mit einem Buntstift dem inneren Umriß nach. Mit dieser Übung wiederholt das Kind die Bewegung, die es beim Befühlen der geometrischen Einsatzfiguren gemacht hat. Aber nun fühlt es nicht mehr direkt mit dem Finger den Umriß, sondern zeichnet diesen nach, hinterläßt eine Bewegungsspur. Das Kind setzt dann die dazugehörige metallene Einsatzfigur auf die gezeichnete Gestalt und fährt diese mit einem andersfarbigen Stift nach und gelangt so zum zweifarbigen Umriß einer Zeichnung einer geometrischen Figur. Nun füllt es den Umriß der Figur ganz mit Farbe durch Striche mit dem Stift aus. Die nächste Übung besteht im Ausfüllen vorbereiteter Muster in einem kleinen Album. Dadurch gewinnt das Kind eine immer größere Beherrschung des Stifts. Das ist die eine Übungsreihe. Die andere dient der Übung zur Vorbereitung des Buchstabenschreibens.

Erstes Zusammenfügen von Buchstaben zu Wörtern

Zum Material für die Vorbereitung des Schreibens gehören Karten mit aufgeklebten Buchstaben aus angerauhtem Papier (Sandpapier) und zwei Alphabete aus bunter Pappe in verschiedener Größe. Das Kind verwendet zunächst die Karten mit aufgeklebten Buchstaben aus angerauhtem Papier. Die Sandpapierbuchstaben werden durch Nachfahren erfühlt. Diese Bewegung ist bekannt: Beim Abfühlen der Einsatzzylinder und beim Befühlen der rauhen bzw. glatten Flächen verhielt sich das Kind ebenso. Aber der Bewegungsablauf, das Nachfahren der Buchstabengestalt ist zunächst noch ungelenk, nicht «flüssig», das heißt noch nicht gleichmäßig. Gerade aber dieser Bewegungs«fluß» wird nun eingeübt. Beim Abfahren, beim Befühlen spricht die Lehrerin den dazugehörigen Laut aus. Beim Kind baut sich die Einheit von optischer und taktiler Wahrnehmung bzw. motorischem Ablauf auf: Es entsteht eine zielgerichtete, sinnvolle Bewegungsgestalt. Diese Übung, die dann auch das Kind veranlaßt, den Laut bei einem entsprechenden Sandpapierbuchstaben auszusprechen, stellt zugleich eine Übung zur Vorbereitung des Schreibens wie auch des Lesens dar. Das Alphabet beweglicher Buchstaben aus bunter Pappe dient zum Zusammensetzen von Wörtern. Diese Übungen bereiten das Schreiben vor, das aber selbst nicht eingeübt wird, sondern sich explosionsartig, wie ein «Naturereignis» vollzieht.[89] Montessori berichtet in *Il metodo*: *So müssen diese Vorgänge, von denen jeder durch einen Mechanismus vorbereitet wurde, der einen Impuls zu geben vermag, früher oder später unversehens zu einem explosiven Schreibakt verschmelzen. Und genauso verlief von Anfang an die wunderbare Reaktion der normalen Kinder in einem der ersten ‹Kinderhäuser› von San Lorenzo in Rom.*

Es war ein winterlicher sonniger Dezembertag, und wir stiegen mit den Kindern auf die Terrasse. Sie spielten und liefen dabei ungezwungen herum, einige hatten sich um mich geschart. Ich saß neben einem Kaminrohr und sagte zu einem Fünfjährigen neben mir, dem ich ein Stück Kreide anbot: ‹Zeichne diesen Kamin.› Folgsam kauerte er nieder und zeichnete den Kamin auf den Boden, der gut zu erkennen war. Deshalb ließ ich mich in Lobpreisungen darüber aus; so halte ich es immer bei den Kleinen. Der Kleine sah mich an, lächelte, blieb einen Augenblick stehen, als sei er nahe daran, vor Freude zu explodieren, dann rief er: ‹Ich schreibe, ich schreibe!› und, auf den Boden gebeugt, schrieb er mano (Hand) und weiter, von Begeisterung gepackt: camino (Kamin), dann tetto (Dach). Während er dies tat, hörte er nicht auf zu rufen: ‹Ich schreibe! ich kann schreiben!› und zwar so laut, daß daraufhin die anderen Kinder angerannt kamen, einen Kreis um ihn bildeten und verblüfft zusahen. Zwei oder drei sagten mir ganz aufgeregt: ‹Die Kreide, ich schreibe auch› und begannen in der Tat verschiedene Wörter zu schreiben: mamma, mano, gino, camino, ada.

Keines dieser Kinder hatte vorher ein Stück Kreide oder sonst ein

Übungen aus dem praktischen Leben

Schreibgerät in die Hand genommen; sie schrieben zum erstenmal… Sie sehen, wie aus ihnen eine Geschicklichkeit hervorbricht, die ihnen als Geschenk der Natur erscheint, weil sie die vorbereitenden Vorgänge, die sie zur Tat führen, nicht mit ihrem Tun in Verbindung zu bringen verstehen. (1909)[90]

Zum weiteren Umkreis von *Il metodo* gehören neben der *Antropologia pedagogica* von 1910, die aber nicht direkt auf San Lorenzo Bezug nimmt, *Mein Handbuch* (*Dr. Montessoris Own Handbook*) von 1914 und *L'autoeducazione nelle Scuole Elementari* (*Montessori-Erziehung für Schulkinder/Schule des Kindes*) von 1916. *Mein Handbuch* bietet eine prägnante Kurzfassung der in *Il metodo* entwickelten Übungen mit den Materialien zum Training der Sinne und zur Vorbereitung von Schreiben, Lesen und Rechnen. Das beigefügte Bildmaterial ergänzt die präzisen Beschreibungen der Übungsprozesse. Vergleichsweise knapp und allgemein fällt hingegen die Beschreibung des Kinderhauses aus. Konkrete Bezüge auf San Lorenzo fehlen. Auch die Begründung der Wirksamkeit des Sinnes- und Lehrmaterials für Schreiben, Lesen und Rechnen in einer Theorie der Psyche ist relativ kurz gehalten. Allerdings finden sich bemerkenswerte weiterführende Kennzeichnungen zur Entfaltung der kindlichen Selbstaktivität: Wissenschaft wird *dazu gelangen, die Entwicklung der Intelligenz, des Charakters und jener schlummernden schöpferischen Kräfte zu leiten, die in dem wunderbaren Embryo des Menschengeistes verborgen liegen.* (Hier klingt schon der Begriff des *geistigen Em-*

bryos an). *Der Geist muß aus seiner Umwelt die Nahrung schöpfen, deren er bedarf, um sich seinen eigenen ‹Wachstumsgesetzen› gemäß zu entwikkeln.*[91]

Montessori kennzeichnet in *Mein Handbuch* drei *Techniken* ihrer *Methode, die den Spuren der natürlichen physiologischen und psychischen Entwicklung des Kindes folgt: Erziehung der Muskeln, Erziehung der Sinne, Sprache.* Hauptmittel der Muskelerziehung ist die Umgebung: Diese geschieht *bei den Hauptbewegungen des täglichen Lebens (Gehen, Aufrichten, Sitzen, Hantieren); bei der Körperpflege (An- und Ausziehen/ Rahmen für Schnür- und Knopfarbeiten), bei der Führung des Haushalts, bei der Gartenarbeit, beim Turnen, bei rhythmischen Übungen.*[92]

Der Schleifenrahmen nach Maria Montessori

Die Farbtäfelchen
aus dem
Sinnesmaterial
Maria Montessoris

Die Geräuschdosen aus dem Sinnesmaterial

Lehrmittel zur Erziehung der Sinne:
a. *Drei Gruppen massiver Einsätze (Zylinderblöcke)*
b. *Drei Gruppen von Körpern in abgestuften Größen, nämlich rosa Würfel, braune Prismen und Stäbe (grün gefärbt / abwechselnd rot und blau gefärbt)*
c. *Verschiedene geometrische Körper (Prisma, Pyramide, Kugel, Zylinder, Kegel usw.)*
d. *Rechtwinklige Tafeln mit rauher und glatter Oberfläche*
e. *Eine Sammlung verschiedener Stoffe*
f. *Holztäfelchen von verschiedenem Gewicht*
g. *Zwei Schachteln mit je 64 farbigen Täfelchen*
h. *Eine Kommode mit Schubfächern voll flacher Einsatzkörper*
i. *Drei Reihen von Karten, auf die geometrische Formen aus Papier geklebt sind*
k. *Eine Sammlung geschlossener zylindrischer Schachteln (Töne)*
l. *Eine Doppelreihe tönender Glocken; hölzerne Bretter mit aufgemalten Notenlinien; kleine Holzscheiben für die Noten.*

Lehrmittel zur Vorbereitung für Schreiben und Rechnen:
m. *Zwei schräge Platten und verschiedene eiserne Einsätze*
n. *Karten mit aufgeklebten Buchstaben aus Sandpapier*
o. *Zwei Alphabete aus bunter Pappe und von verschiedener Größe*
p. *Eine Reihe von Karten mit aufgeklebten Ziffern aus Sandpapier*
q. *Eine Reihe großer Karten mit denselben Ziffern in glattem Papier zum Zählen über zehn*
r. *Zwei Kästen mit Rechenstäbchen*
s. *Die Mappe mit Zeichnungen, wie sie der Methode besonders eigen sind, und Farbstifte.*[93]

Das zweite, zum Problemfeld des *Il metodo* gehörende Werk stellt die *L'autoeducazione nelle Scuole Elementari* (1916; *Montessori-Erziehung für Schulkinder / Schule des Kindes*) dar, die sich im Untertitel ausdrücklich als Fortsetzung von *Il metodo* bezeichnet und sich in einen Theorie- und Materialband aufteilt. Maria Montessori bezieht hier die Erfahrungen von San Lorenzo auf die Grundschule und entwirft eine Schule der vorbereiteten Umgebung, deren negatives Gegenbild die lehrerzentrierte Buchschule des 19. Jahrhunderts mit ihrem Lektionenbetrieb im frontalunterrichtlichen Verfahren darstellt.[94] Auf die Schulpädagogik Montessoris wird bei der Beschreibung ihrer Pädagogik der Sekundarschule noch einzugehen sein.

Im Sommer 1909 hält Maria Montessori ihren ersten Ausbildungskurs über ihre Methode in Città di Castello ab. Im Anschluß an diesen Kurs verfaßt sie innerhalb eines Monats den Text zu *Il metodo*.[95] Das Erscheinen dieses Buches macht sie schlagartig berühmt. Es wird in den nächsten Jahren in mehr als zwanzig Sprachen übersetzt[96] und erlebt 1912 in der englischen Fassung in den USA einen überwältigenden Erfolg. Mit

Glockenbrett zur Schulung des Gehörsinns

ihrer ersten Reise in die Vereinigten Staaten (1913) gelingt ihr der internationale Durchbruch. Nun ist sie eine weltberühmte Frau, die erste Pädagogin von internationalem Rang.

In ihrem Buch *L'autoeducazione* schildert sie eine Begebenheit aus der Zeit kurz vor Abfassung des *Il metodo*. Sie berichtet von einem Gespräch mit einer *gebildeten Dame, die sich für meine ‹Theorien› interessierte und glühend wünschte, daß ich sie zu einem philosophischen Traktat ausarbeitete; aber sie konnte sich nicht an den Gedanken gewöhnen, daß es sich um eine Erfahrungstatsache handle... Aber als ich mit meinem Drängen erreichte, daß sie mitkam, um zu sehen, nahm sie mich bei den Händen und schaute mich durchdringend an: ‹Haben Sie denn nicht daran gedacht›, sagte sie zu mir, ‹daß Sie von einem Augenblick zum anderen sterben können? Schreiben Sie also sofort, schreiben Sie, so gut Sie können, so schnell wie möglich als ein Testament die einfache Beschreibung der Fakten nieder, damit Sie, wenn Sie sterben, nicht dieses Geheimnis mit sich nehmen.› – Ich war jedoch bei bester Gesundheit.*[97] Montessori hat dann doch geschrieben: *Il metodo*, ihr erstes und entscheidendes Buch.

Die Bewegung

Eines Tages war ich bei einem einjährigen Kind, das eben zu gehen begann. Es war auf dem Lande, auf einem schlechten, steinigen Weg. Eine erste Regung war, das Kind an die Hand zu nehmen. Aber ich hielt mich zurück und versuchte, es durch meine Worte zu lenken. ‹Geh jetzt hier!› und ‹Paß auf, da ist ein Stein!› ‹Geh hier vorsichtig!› Es hörte mit einer Art von freudigem Ernst zu und gehorchte. Es fiel nicht und tat sich nicht weh. Ich leitete es Schritt für Schritt mit dem leisen Flüstern meiner Stimme – und es hörte mir aufmerksam zu und genoß dabei deutlich das Vergnügen, eine vernünftige Tätigkeit auszuführen: zu verstehen, was ich ihm sagte, und durch seine Bewegungen zu antworten. Auf diese Weise ein Kind zu leiten, das ist die wahre Aufgabe der Mutter.[98]

Das neugeborene Kind aber ist nicht einfach ein Tierlein, das man nähren muß, es ist von Geburt an ein Geschöpf mit Seele, und wenn man für sein Wohl sorgen will, genügt es nicht, seine körperlichen Bedürfnisse zu befriedigen: man muß ihm auch einen Weg zur geistigen Entwicklung eröffnen, muß seine geistigen Regungen vom ersten Tage an achten und verstehen, sie zu fördern. Das ist die Grundlage der neuen Erziehung in der Familie. Das Kind braucht eine ihm entsprechende Umgebung, damit alle seine Fähigkeiten sich durch Übung entwickeln können. (1923)[99]

Eines Tages legte ich tiefbewegt die Hand aufs Herz, um es in seinem Glauben zu bestärken, und bei dem ehrfürchtigen Gedanken an jene Kinder von San Lorenzo stellte ich mir die Frage: ‹Wer seid ihr?› War ich am Ende jenen Kleinen begegnet, die Christus auf den Arm genommen und die ihn zu den göttlichen Worten begeistert haben: ‹Wer eins dieser Kinder aufnimmt in meinem Namen, der nimmt mich auf› und ‹Wenn ihr nicht werdet wie die Kleinen, werdet ihr nicht in das Himmelreich kommen!›[100]

Mit dem Erscheinen ihres ersten Buches, mit dem internationalen Erfolg von *Il metodo* verändert sich das Leben Maria Montessoris. Nun ist sie berühmt, nicht als erste Ärztin Italiens, sondern als Erfinderin einer neuen Erziehungsmethode mit erstaunlichen Erfolgen: Selbstdisziplinierte, hochkonzentrierte zwei- bis sechsjährige Kinder mit völlig ungewöhnlichen geistigen Leistungen wie Schreib- und Lesefertigkeit mit vier Jahren leben und arbeiten im Kinderhaus miteinander. Der Andrang zur

Maria Montessori mit der Neuauflage ihres Werks «Il metodo», 1913

Casa wächst. Die Presse berichtet. Montessoris Ruhm verbreitet sich in ganz Europa. Auch aus den USA melden sich Interessenten. *Il metodo* wird in über zwanzig Sprachen übersetzt.[101]

Il metodo belegt jedoch, daß diese Erfolge kein Zufall sind, sondern die spezifische Erziehungssituation der Casa voraussetzen. Die *Lehrerin* (Leiterin) beobachtet ja nicht nur die Kinder und hält ihre Beobachtungen fest. Sie führt auch (zunächst) in den Umgang mit dem Material ein und greift beim unspezifischen Auseinandersetzen des Kindes mit dem Material ein. Insofern ist die spezifische Umgebung des Kinderhauses mit seiner kindgemäßen Einrichtung und den Sinnesmaterialien in Verbindung mit einem spezifischen Verhalten des Betreuungspersonals grundlegend für diese Erfolge. Diesen Zusammenhang schildern *Il metodo*, später *Handbook* und *L'autoeducazione* sehr eindringlich. Konsequenz dieser spezifischen Praxis ist dann aber auch eine spezifische Ausbildung des Betreuungspersonals in Kinderhäusern. Mit dem Einrichten von Kinderhäusern bzw. dem Umwandeln von Kindergärten in Kinderhäuser allein ist es nicht getan. Entsprechend geschultes Personal ist unabdingbar. Das setzt Ausbildungskurse voraus. Eine literarische Orientierung an *Il metodo* reicht nicht aus. Die weitere Frage ist dann, wer diese Ausbildungskurse veranstaltet: Montessori allein – oder sie zusammen mit von ihr ausgebildeten Mitarbeitern und Mitarbeiterinnen – oder gar teilweise ausschließlich ihre Schüler? Wenn eine Idee weltweite Anerkennung gefunden hat, also eine «Bewegung» geworden ist, die Massen, ganze Länder und Völker beeinflußt, dann stellt sich das Problem, wie der Schöpfer der Idee sich in diese «Bewegung» integriert. Maria Montessori identifizierte sich, wohl nicht zuletzt auch auf Grund der privaten Ereignisse nach 1898, vollständig mit ihrer pädagogischen Idee und ging völlig in der «Bewegung» auf. Mehr noch: Sie war die entscheidende Persönlichkeit der internationalen Montessori-Bewegung.

Nach 1911 gibt Montessori die Dozentur am Pädagogischen Institut und ihre Arztpraxis auf, um sich ausschließlich ihrer *Methode* und deren Verbreitung zu widmen. Durch zahllose Ausbildungskurse in vielen Ländern bildet sie Montessori-Lehrer und -Lehrerinnen aus, die selbst nicht ausbildungsberechtigt sind. Diese Grundentscheidung Maria Montessoris, sich die Ausbildungsfunktion vorzubehalten und damit die «Reinheit» und Authentizität ihrer Erziehungsmethode zu sichern, hat sicherlich Vor- und Nachteile. Kramer etwa bewertet die Dominanz Montessoris in der weltweiten Montessori-Bewegung deutlich negativ und sieht darin unproduktive Erstarrung.[102] Negatives Ergebnis dieser Entscheidung war sicherlich, daß Weiterentwicklungen der Montessori-Pädagogik – wie etwa durch Helen Parkhurst – nicht im Rahmen der Bewegung möglich waren und zu heftigen Auseinandersetzungen führten. Positiv bleibt diese Grundentscheidung Montessoris aber deshalb, weil dadurch die Einheit, die Homogenität ihres Werks trotz der weltweiten Ausbreitung einigermaßen gesichert blieb. Ein negativer Nebeneffekt der weltweiten Arbeit Maria Montessoris – neben ihrem nomadischen Dasein – ergab sich bei der allmählichen Ausprägung ihrer Theorie und für die Geschichte ihrer Veröffentlichungen. Bedingt durch Interessen spezifischer Länder, auf Grund des jeweiligen Standortes des Ausbildungskurses (bei Nachschriften) ist das literarische Werk Maria Montessoris weder vollständig veröffentlicht, geschweige denn überschaubar. Teilweise existieren Fassungen ihrer Werke in verschiedenen Sprachen, die aber bislang noch nicht in einer Art Gesamtedition vergleichend gegenübergestellt wurden, so daß die Bedeutungsnuancen zentraler Begriffe Montessoris in ihren unterschiedlichen sprachlichen Kontexten nicht nachvollzogen werden können. Hinzu kommt, daß es sich bei den späteren Werken wie etwa *Das Kind in der Familie* (1923), *The Secret of Childhood* (1936; *Kinder sind anders*) und *The Absorbent Mind* (1949; *Das kreative Kind*) um überarbeitete Vortragsnachschriften handelt und so der authentische Text zweifelhaft bleibt. Kramer gibt ein instruktives Beispiel: «*The Erdkinder, The Reform of Education During and After Adolescence* und *The Function of the University* beruhen auf Vorlesungen, die in Holland und England auf italienisch gehalten wurden; sie erschienen 1939 zuerst in Amsterdam und erschienen 1973 erneut als *From Childhood to Adolescence* in einer englischen Übersetzung einer französischen Übersetzung, die 1948 veröffentlicht worden war (dt.: *Von der Kindheit zur Jugend*, 1966)!»[103]

Der Zugang zum literarischen Werk Maria Montessoris wird ferner durch vielfache Überarbeitungen erschwert. Die neuere deutsche Übersetzung des *Il metodo* von 1969 (*Die Entdeckung des Kindes*) bezieht sich auf acht Textfassungen.[104] Montessori hat auf die Erstfassung von 1909 nach der zweiten unveränderten italienischen Auflage (1913) im Jahr 1926 eine dritte, wesentlich erweiterte Fassung folgen lassen, für die insbesondere die Kapitel *Natur in der Erziehung, Die Übungen, Die Technik der Lektionen, Bemerkungen über Vorurteile* sowie *Lesen* und *Unterricht im Zählen und Einführung in die Arithmetik* teilweise erheblich überarbeitet und erweitert wurden. Ferner werden neue Kapitel eingefügt (*Erziehung der Bewegungen, Das Entwicklungsmaterial, Weitere Fortschritte in Arithmetik, Das Zeichnen und die bildende Kunst, Der Beginn der musikalischen Kunst* und *Die religiöse Erziehung*). 1948 erscheint in Madras eine englischsprachige Fassung mit geändertem Titel: *The Discovery of the Child*, die dann 1950 auf italienisch veröffentlicht wird. Diese Fassung von 1948 enthält nun erneut Zusätze, insbesondere zu den 1926 neu hinzugekommenen Kapiteln. Erfreulicherweise hat die 1969 unter dem Titel *Die Entdeckung des Kindes* vorgelegte deutsche Neuübersetzung der erstmals 1913 erschienenen deutschen Fassung des *Il metodo* alle diese Textveränderungen berücksichtigt.

Diese verschiedenen Fassungen belegen, daß Montessori in der Spätphase ihres Lebens sich immer wieder aufs neue mit ihrem wichtigen Erstlingswerk auseinandergesetzt hat. Die Ausarbeitung einer Theorie der Psyche (*geistiger Embryo / absorbierender Geist / Horme / sensible Perioden*) geschieht eben nicht nur in geschlossener Form in den späten Werken *The Secret of Childhood* (1936; *Kinder sind anders*), *The Absorbent Mind* (1949; *Das kreative Kind*) und *La formazione dell'uomo* (1949; *Über die Bildung des Menschen*), sondern auch in den Überarbeitungen und Ergänzungen früherer Werke.

Übungen aus dem praktischen Leben im Kinderhaus in San Francisco, um 1909

Die Bewegung Maria Montessoris aber lebte von ihrem Wort, ihrer Persönlichkeit, ihrem persönlichen Vortrag. Die Zahl der von ihr geleiteten Ausbildungsgänge, meist internationale Kurse, ist nicht exakt festzustellen.[105] Standing hat das Programm dieser Kurse, in denen ca. 4000–5000 Menschen von 1909 bis 1951 ausgebildet worden sind, beschrieben: «Den wichtigsten Teil dieser gewöhnlich halbjährigen Lehrgänge bildeten Maria Montessoris Vorlesungen über die psychologischen Voraussetzungen ihrer Pädagogik, die aus ihren eigenen Erfahrungen und Beobachtungen an Kindern gewonnen waren; über Wesen und Zweck des Arbeitsmaterials; über die bei der Führung einer Montessori-Schule sich ergebenden praktischen Probleme und, in späteren Jahren, über philosophische und soziologische Fragen, bei denen es um die Ausweitung ihrer Grundsätze auf die Familie und auf die menschliche Gesellschaft ging, im besonderen um ‹die kosmische Mission des Menschen auf Erden› und um ‹die Erziehung als einer Waffe des Friedens›.

Wichtig bei diesen Lehrgängen war auch das genaue Studium des Arbeitsmaterials und dessen praktische Durchübung unter Leitung von Maria Montessoris Assistenten und schließlich Hospitationen und praktische Arbeit in anerkannten Montessori-Schulen. Jeder Kursteilnehmer mußte mindestens fünfzig Stunden auf die Beobachtung der Methode in der Praxis verwenden, worauf Maria Montessori streng bestand. ‹Denn›, sagte sie häufig, ‹nicht eigentlich ich werbe für meine Methode. Gewiß, ich halte Vorträge und schreibe Bücher, aber schließlich müssen die Kinder sie den Menschen glaubhaft machen. Sie sind mein bestes und unumstößliches Argument.›

Wer sich ein selbst angefertigtes ‹Materialbuch› erarbeitet und die schriftliche und mündliche Prüfung am Schluß des Lehrgangs bestanden hatte, erhielt ein von Maria Montessori unterzeichnetes Diplom, das den Inhaber berechtigte, eine Schule zu eröffnen und sie Montessori-Schule zu nennen. Hatten die Studierenden dann zwei Jahre lang in einer Montessori-Klasse gearbeitet und sich als Montessori-Lehrer ausgewiesen, wurde ihnen das auf dem Diplom bestätigt.

Diese Diplome enthielten eine Klausel, die den Inhaber oder die Inhaberin ausdrücklich zur Eröffnung einer Schule, nicht aber zur Ausbildung Dritter in der Methode berechtigte.»[106]

Zurück zur Chronologie der Zeit nach dem Erfolg von *Il metodo* und bis zum Erscheinen von *The Secret of Childhood (Kinder sind anders)*, einem Hauptwerk der Spätzeit, das die pädagogische Praxis von San Lorenzo und die bis 1936 ausformulierte Theorie psychischer Entwicklung in *sensiblen Phasen* zusammenfaßt.[107]

1911 wird die Montessori-Methode in englischen und argentinischen Schulen praktiziert, in italienischen und Schweizer Volksschulen eingeführt. Es entstehen Modellschulen in Paris, New York und Boston.

Montessori gibt ihre Arztpraxis und ihre Lehrtätigkeit am Pädagogischen Institut der Universität auf, später, 1916, auch ihre Professur (seit 1911) am römischen Ausbildungsinstitut für Lehrerinnen, um sich ausschließlich der Verbreitung ihrer Methode unter Wahrung ihrer finanziellen Interessen zu widmen. In den USA erzielt *Il metodo* einen ungeheuren Erfolg. Die 1912 erscheinende englische Ausgabe in Höhe von 5000 Exemplaren ist innerhalb weniger Tage vergriffen.[108] In England konstituiert sich die englische Montessori-Gesellschaft, in den USA ein Montessori-Komitee. In Rom hält Maria Montessori den ersten internationalen Ausbildungskurs ab. Am 20.12.1912 stirbt die Mutter Renilde. Seitdem kleidet sich Maria Montessori nur noch in Schwarz. Anna Maccheroni berichtet: «Nach dem Tod ihrer Mutter konnte sie drei Tage lang nichts zu sich nehmen. Sie weinte nicht, war nicht niedergeschlagen. Wir redeten ihr zu: ‹Iß doch ein wenig.› Sie sagte einfach, ohne Erregung: ‹Ich kann nicht...› Als der Sarg auf dem Friedhof in das Gewölbe gesetzt wurde, streckte sie nur ihren Kopf in die Höhlung und stand ein oder zwei Minuten lang so da. Keine Tränen, kein Gefühlsausbruch... Dann fuhr sie mit ihrem Vater und uns für einige Tage in einen Ort am Meer.»[109]

Die Reise in die USA im Dezember 1913 – es werden zwei weitere folgen – wird zu einem Höhepunkt in Montessoris Leben. Im Frühjahr 1913 ist die amerikanische Montessori-Education-Society gegründet worden, und Montessori folgt deren Einladung. Mit ihren Vorträgen hat sie überwältigende Erfolge, die Kramer an Hand amerikanischer Presseberichte minuziös rekonstruiert hat.[110] Kramer schildert Maria Montessori so: «Sie war eine eindrucksvolle Gestalt. Ihr reiches, welliges, dunkles Haar, inzwischen mit grauen Strähnen durchsetzt, ließ die ausdrucksvollen Augen in ihrem großflächigen Gesicht mit seinem ruhigen Lächeln gut zur Geltung kommen. Ihre schwarzgekleidete Matronenfigur war gegen die winterliche Kälte in dunkle Pelze gehüllt. Den wartenden Reportern erschien sie ‹mütterlich›, ‹eine sehr angenehme Erscheinung›, ‹eine königliche Gestalt›, ‹eine Fregatte unter vollen Segeln›.»[111]

Nach ihrer Rückkehr nach Italien findet in Castel Sant'Angelo der zweite internationale Ausbildungskurs statt. 1914 schlägt Montessori ein Angebot, in New York ein Ausbildungsinstitut einzurichten, aus – dies wohl wegen ihres Sohnes Mario, der seit 1913 bei ihr lebt. Über seine gemeinsame Zeit mit seiner Mutter in Rom (also vor 1916) schreibt Mario Montessori: «Als ich noch ein kleiner Junge war [aber erst mit 15 Jahren, nämlich 1913, holte ihn Maria zu sich], erwachte ich einmal bei Morgengrauen in unserem Haus in Rom von einem dumpfen Poltern und vom Wackeln meines Bettes. Kaum hatte ich die Augen aufgeschlagen, trat meine Mutter ruhig lächelnd ins Zimmer: sie setzte sich auf meinen Bettrand und fragte: ‹*Mario, siehst du, wie der Kronleuchter an der Decke schwingt?*› Ich sah es. ‹*Fühlst du, wie der Fußboden bebt?*› Ich nickte. Meine Mutter breitete die Arme aus, als wollte sie mir eine wunderschöne Überraschung verkünden. ‹*Das ist ein Erdbeben, Mario.*› – Für Maria Montessori war selbst ein Erdbeben eine willkommene Gelegenheit, den kindlichen Gesichtskreis zu erweitern.»[112]

1914 erscheint in New York Montessoris zweites Buch zur Methode, *Dr. Montessoris Own Handbook* (*Mein Handbuch*). 1915 reist Maria Montessori zum zweitenmal in die USA, zusammen mit Mario, und hält einen Ausbildungskurs (u. a. nimmt Helen Parkhurst daran teil) in San Francisco ab. Im November stirbt der Vater Alessandro. Mario bleibt in Kalifornien, Maria kehrt nach Italien zurück. Sie entwirft ein Memorandum: *Allgemeine Regeln für die Bildung einer authorisierten Montessori-Gesellschaft,* das eine eindeutige Führung der nationalen Montessori-Gesellschaften durch Maria Montessori und die Monopolisierung der Montessori-Ausbildung vorsieht.[113] Konsequenz ist der allmähliche Niedergang der amerikanischen Montessori-Bewegung. 1916 übersiedelt Maria Montessori nach Barcelona auf Einladung der Stadtverwaltung. Barcelona bleibt Wohnsitz Montessoris bis zur Machtübernahme Francos (1936). In Barcelona findet im gleichen Jahr der 4. internationale Ausbildungskurs statt. Maria Montessori richtet in Barcelona eine Montessori-Modellschule und ein Ausbildungsinstitut ein und wird dabei von der katalanischen Regionalverwaltung unterstützt. 1916 erscheint als drittes Buch zur Methode die Anwendung der Montessori-Methode im Grundschulbereich *L'autoeducazione nelle Scuole Elementari* (*Montessori-Erziehung für Schulkinder / Schule des Kindes*) – ein Band Theorie und ein Materialband (Anwendung der Methode in Grammatik, Lesen, Rechnen, Geometrie, Zeichnen und Musik).

Anna Maccheroni berichtet von einem Gespräch mit Montessori nach einem Gottesdienstbesuch. Montessori sagt dabei: *Viele, die mich nicht verstanden haben, glauben, ich sei eine sentimentale Romantikerin, die nur davon träumt, Kinder zu sehen, sie zu küssen, ihnen Märchen zu erzählen, daß ich Schulen besuchen möchte, um ihnen zuzusehen, sie ans Herz zu drücken und ihnen Karamellen zu schenken. Sie ermüden mich! Ich bin eine streng wissenschaftliche Forscherin, kein literarischer Idealist wie Rousseau. Ich versuche im Kind den Mann [Menschen] zu entdecken, in ihm den wahren menschlichen Geist, den Plan des Schöpfers: die wissenschaftliche und religiöse Wahrheit zu sehen. Zu diesem Zweck wende ich*

Maria Montessori
im Garten des Kinderhauses
von Los Angeles, 1915.
In der letzten Reihe
2. v. r. Helen Parkhurst,
2. v. l. Mario Montessori

meine Studienmethode an, die das Wesen des Menschen respektiert. Ich brauche den Kindern nichts beizubringen: Sie sind es, die mich belehren, wenn man sie in eine günstige Umgebung bringt, sie offenbaren mir, solange ihre Seelen noch nicht verunstaltet worden sind, spirituelle Geheimnisse.[114] Immerhin: Die religiöse Wahrheit steht gleichberechtigt neben der wissenschaftlichen. Damit deutet sich eine Entwicklung bei Maria Montessori an, die nach dem Tod der Mutter begonnen hat und dazu führen wird, daß 1926 nicht nur die religiöse Erziehung als eigenes Kapitel in die Neuauflage von *Il metodo* aufgenommen wird, sondern daß sich Montessori als praktizierende Katholikin auch der katholischen Liturgie

Barcelona. Der Hafen und das Kolumbus-Denkmal in den zwanziger Jahren

zuwenden wird, um sie für Kinder in Materialform darzustellen.[115]

Im Winter 1916/17 hält Maria Montessori Vorträge in New York, im Sommer 1917 in den Niederlanden und macht die Bekanntschaft des holländischen Biologen Hugo de Vries, der ihr empfiehlt, den von ihm geprägten Begriff der «sensiblen Periode» für ihre Entwicklungspädagogik zu übernehmen. Die niederländische Montessori-Gesellschaft wird gegründet. Im Dezember feiert Mario in Los Angeles Hochzeit. Ein Briefwechsel mit Sigmund Freud führt nicht zur Beachtung der Psychoanalyse. 1936 wird sich Montessori in *The Secret of Childhood* (*Kinder sind anders*) ablehnend mit ihr auseinandersetzen.[116] 1918 zieht Mario mit seiner Familie zu Maria Montessori nach Barcelona. Die Montessori-Methode wird an zwanzig öffentlichen Volksschulen in Neapel eingeführt. Papst Benedikt XV. empfängt Maria Montessori in Privataudienz. 1919 reist Maria Montessori nach Großbritannien und führt im August/September in London einen Ausbildungskurs durch. Dabei wird eine neue und dann beibehaltene Kursform praktiziert: 50 Stunden Vortrag, 50 Lehrstunden (über das Material) und 50 Stunden Beobachtung (Hospitation) in Montessori-Klassen. Im Januar 1920 reist Montessori durch das englische Industrierevier und hält Vorträge in Liverpool, Manchester, Birmingham, Sheffield, Leeds und Northampton. In den Vorträgen an der Universität Amsterdam im Frühjahr 1920 umreißt Montessori erstmals ihre Pädagogik der Sekundarschule. Sie wird dann umfassender in *Erdkinder* (1939) und *De l'enfant à l'adolescent* (1948; *Von der Kindheit zur Jugend*) ausgeführt. Es folgen Vorträge in Paris, Mailand und Rom. 1921 hält Montessori Ausbildungskurse in London und Mailand ab. Es kommt zu Auseinandersetzungen mit der englischen Montessori-Gesellschaft, die mehr Selbständigkeit erreichen will. Standing wird Mitarbeiter Montessoris. 1922 hält Montessori erneut einen Ausbildungskurs in London ab. Es folgen Vorträge in Neapel, im Herbst in Berlin. Die deutsche Montessori-Gesellschaft wird gegründet (1933 aufgelöst, 1952 neugegründet). Im selben Jahr erscheint *I bambini viventi nella chiesa* – Montessoris erstes Buch zur katholischen Liturgie aus der Sicht kleiner Kinder. Im März 1923 hält Maria Montessori Vorträge in Wien. Diese erscheinen noch im selben

Maria Montessori bei einem Vortrag in San Francisco, 1915.
Rechts ihre Assistentin und Übersetzerin Adelia Pyle

Jahr unter dem Titel *Das Kind in der Familie*. In Wien verbreitet sich die Montessori-Methode. Im Juni empfängt Maria Montessori die Ehrendoktorwürde der Universität Durham und hält einen Ausbildungskurs in London ab, im Herbst in den Niederlanden. Im nächsten Jahr leitet sie einen viermonatigen Ausbildungskurs in Amsterdam. Die holländische Montessori-Gesellschaft bringt 1924 eine Vierteljahresschrift «The Call of Education» der Montessori-Bewegung heraus. Nach der Begegnung mit Mussolini, dem Führer des italienischen Faschismus (Machtübernahme im Oktober 1922), wird allgemein die Montessori-Methode in den italienischen Schulen eingeführt und die Montessori-Pädagogik zur nationalen Erziehungstheorie Italiens. Die italienische Montessori-Gesellschaft «Opera Montessori» nimmt ihren Sitz in Mailand. 1925 hält Montessori im März Vorträge in Wien und führt anschließend einen Ausbildungskurs in London durch. 1926 finden Kurse in Mailand, Spanien, Frankreich und Berlin sowie in den Niederlanden und Österreich statt.

Im Herbst unternimmt Montessori eine Reise nach Südamerika und besucht Buenos Aires, La Plata und Córdoba. In einem Vortrag in Amsterdam entwickelt Montessori Vorschläge für ein Montessori-Lyzeum. In Genf spricht sie vor dem Völkerbund über «Erziehung und Frieden» – ein Thema, das sie in den dreißiger Jahren noch stärker beschäftigen wird.[117]

1927 wird Maria Montessori von Mussolini in Privataudienz empfangen. Das italienische Erziehungsministerium stellt die Übereinstimmung von Faschismus und Montessori-Methode fest. Geplant wird ein Lehrerausbildungsinstitut auf der Grundlage der Montessori-Pädagogik.

1929 gründet Maria Montessori zusammen mit Mario die Association Montessori Internationale (AMI) mit Sitz in Berlin bis 1935, dann in Amsterdam. In Helsingør (Dänemark) findet im Sommer der 1. internationale Montessori-Kongreß statt. Weitere acht Montessori-Kongresse werden folgen. 1930 findet von Januar bis Juni ein Ausbildungskurs in Rom statt. Im Rahmen von Vorträgen in Wien (Dezember 1930) lernt Maria Montessori Anna Freud kennen. 1931 findet ein weiterer internationaler Ausbildungskurs in Rom statt. Ferner hält Montessori Vorträge in Berlin. Es erscheint die zweite liturgische Schrift *La Vita in Cristo*, 1932 die dritte: *The Mass Explained to Children*. Ferner findet in diesem Jahr der 2. internationale Montessori-Kongreß in Nizza statt. Im nächsten Jahr, dem Jahr der Machtübernahme Hitlers und der Zerschlagung der deutschen Montessori-Bewegung, findet der 3. internationale Kongreß in Amsterdam statt. Ferner hält Montessori Ausbildungskurse in London, Dublin und in Barcelona ab. 1934 wird der 4. Montessori-Kongreß in Rom veranstaltet. Nach Konflikten mit dem italienischen Faschismus werden die Montessori-Schulen in Italien geschlossen. Maria Montessori veröffentlicht zwei Schriften zur Anwendung ihrer Methode im mathematischen Bereich: *Psico Aritmetica* und *Psico Geometrica*. Beide sind in Barcelona erschienen.

1936 erheben sich Franco und die Faschisten gegen die Regierung. An Bord eines englischen Kriegsschiffs verläßt Montessori im Juli Barcelona. Ihr gesamter Besitz bleibt zurück. Neuer Wohnsitz bis 1939 wird Amsterdam. In Laren bei Amsterdam wird ein Ausbildungszentrum für Montessori-Pädagogik eingerichtet. Im August 1936 findet in Oxford der 5. Montessori-Kongreß statt. Hier entwickelt Montessori weitere Aspekte ihrer Pädagogik für Sekundarschulen. Zugleich erscheint ihr zusammenfassendes Werk *The Secret of Childhood* (*Kinder sind anders*) in London.

Die wichtigsten Werke aus dieser Zeit sind – neben *The Secret of Childhood*, das noch ausführlich dargestellt werden soll – die Wiener Vorträge von 1923, *Das Kind in der Familie*, und die vier Schriften zur Liturgie. Die Wiener Vorträge gehen von der Situation der Casa dei bambini aus[118] und fordern eine *vorbereitete Umgebung* in der Familie für das Kind, eine sorgfältige Beachtung kindlicher Bedürfnisse und Handlungen durch die Mutter und eine stets die kindlichen Bedürfnisse aktivierende familiale

Maria Montessori im Doktorornat der Universität Durham, anläßlich der Verleihung der Ehrendoktorwürde für Literatur, 1923

Erziehung. Das an Beispielen reiche Buch beeindruckt durch seine plastische Darstellungsweise und nimmt partiell – so etwa mit seinen Äußerungen zur Geburt – *The Secret of Childhood* vorweg. Montessori faßt ihre Forderungen nach einer kindgemäßen Familienerziehung in drei Grundsätzen zusammen:
1. *Man muß alle Formen der vernünftigen Betätigung des Kindes achten und sie zu verstehen suchen.* [119]
2. *Wir müssen den Tätigkeitsdrang des Kindes so weit wie möglich unterstützen, wir dürfen es nicht bedienen, sondern wir müssen es zur Selbständigkeit erziehen.* [120] (Das Beispiel des zweijährigen Kindes, das gelenkt und doch selbständig seinen Weg findet, veranschaulicht diesen Grundsatz.) [121]
3. *Das Kind ist äußerlichen Einwirkungen gegenüber viel empfänglicher, als wir glauben; wir müssen in unseren Beziehungen zu ihm sehr behutsam sein.* [122]

Die Beachtung dieser Grundsätze führt zum gleichen Ergebnis wie die Beschäftigung in der Casa dei bambini und in der Montessori-Schule: *Wenn Kinder eine Arbeit so gesammelt ausgeführt haben, so scheinen sie immer ausgeruht und innerlich gestärkt zu sein. Es ist, als ob für die Kräfte, die in ihrer Seele ruhten, ein Weg frei geworden wäre; ihre besten Seiten kommen zum Vorschein.* [123]

Die liturgischen Schriften Maria Montessoris gehen von der religiösen Empfänglichkeit kleiner Kinder aus und unterstellen eine Art «religiöser Explosion». – *Das Kind*, sagt Montessori, *offenbart... in manchen Momenten, wie es zu Gott hinstrebt. Diese Entdeckung muß uns ein großes Glück bedeuten. Und nach dieser Entdeckung müssen wir, gedrängt von der Ehrfurcht vor diesem offenbarten Verlangen, alles nur mögliche tun, um die Bedingungen zu schaffen, welche geeigneter sind, dieses Verlangen des Kindes auf angemessene Weise zu befriedigen. Man muß wahrscheinlich eine ganz andere Umgebung schaffen.* [124]

In diesen liturgischen Schriften entwickelt Montessori die Liturgie der Messe und des Kirchenjahrs als kindgemäßen Materialzusammenhang, wobei analog zur isolierten Sinnesübung zum Beispiel die Teile der Messe voneinander geschieden werden und jeder Schritt gesondert auf einem Blatt dargestellt wird. [125] Die Funktion der Epistel wird beispielsweise durch die Struktur eines Briefs, der geschrieben wird, veranschaulicht. [126]

Die Einrichtung einer Kapelle für Kinder, des *Hauses der Kinder in der Kirche* in Barcelona, geschieht analog zur Casa. Die Kinderkapelle ist geprägt durch die Kindgemäßheit der Gegenstände und das Vertrautwerden mit der Liturgie durch elementares Material. Ein auch für Montessori etwas überraschendes Ergebnis dieser «Kirche für Kinder» stellt die Übereinstimmung der Handlungsvollzüge in beiden Bereichen – Kinderhaus und Kinderkapelle – dar: *Die Anwendung der Methode, der wir in meinen Kinderhäusern folgten, brachte nun folgende ausgezeichnete Frucht: Die Kirche schien fast das Ziel der Erziehung zu sein, welche die Methode zu geben versprach. Das ‹Schweigen›, das man in der Klasse beobachtete, um das Kind an Sammlung zu gewöhnen, fand hier seine Anwendung: Es wurde zur inneren Sammlung, die man im Hause Gottes beobachtete. Auch waren viele Handlungen tatsächlich Wiederholungen von dem, was das Kind schon im Kinderhaus zu tun gelernt hatte: Ruhig gehen mit Vermeidung von Lärm, Stühle leise hinstellen, aufstehen und sich setzen, ohne gegen etwas zu stoßen, Gegenstände, auch zerbrechliche, mit Sorgfalt tragen, so daß ihnen nichts geschieht, angezündete Kerzen tragen, ohne Hände und Tücher mit Wachs zu beflecken, oder Körbe mit Blumen oder Vasen mit Wasser zu tragen, die man mit Blumen füllen und dann an den Fuß des Altars stellen will.*[127]

Körperliche Übungen, die zu der Gelegenheit passen, bestehen darin, still aufzustehen und sich zu setzen, ruhig umherzugehen, ohne an Gegenstände oder Personen zu stoßen, Kniebeugen zu machen, hinzuknien und aufzustehen, Schweigen zu beobachten, eine geziemende Haltung einzunehmen, den Kopf auf ein Geräusch nicht zu wenden. Die Herzensübung besteht darin, die Gedanken bei jeder Handlung des Tages zu Gott zu erheben, um ihn zu loben und zu preisen.[128]

Eine ihrer Schülerinnen schildert die Maria Montessori der zwanziger Jahre: «Sie war eine phantastische Persönlichkeit. Wenn sie da war, war sonst nichts im Raum. Sie wirkte sehr mütterlich, sehr gütig. Sie hatte schöne dunkle Augen. Wir liebten und achteten sie. Für uns kam sie gleich nach dem lieben Gott. Sie war eitel... Sie hatte in ihren mittleren Jahren stark zugenommen; ihre Beine waren schwer und sie trug immer lange Kleider... Sie hatte junge Leute gern und sie sah gern zu, wenn sie tanzten und sich amüsierten; es war, als wäre sie gern auch jung gewesen, während sie gleichzeitig wegen ihrer Leistung anerkannt werden wollte. Sie war sehr menschlich.»[129]

Montessori und Fröbel

Eine der Kindheit ‹eigene› Form der Einbildungskraft wird fast allgemein als schöpferische Einbildungskraft anerkannt. Es handelt sich um jene spontane Tätigkeit des kindlichen Geistes, durch die das Kind den Gegenständen gewünschte Eigenschaften zuschreibt, die diese nicht besitzen.[130] *Auf diesen Glauben stützen sich einige Spiele von Fröbel. Man gibt einem Kind ein Klötzchen und sagt: ‹Das ist ein Pferd.› Dann werden die Steinchen in einer bestimmten Ordnung aufgestellt, und man sagt: ‹Das ist der Pferdestall.› ‹Nun stellen wir die Pferde in den Pferdestall.› Dann werden die Steinchen in einer anderen Anordnung aufgestellt: ‹Das ist ein Turm; es ist die Dorfkirche› usw. Bei diesen Übungen eignen sich die Gegenstände (die Klötzchen) viel weniger zur Einbildung als ein Stock für das Pferd, den das Kind wenigstens besteigen, peitschen und sich damit bewegen kann. Mit Pferden Türme und Kirchen zu erbauen, treibt die geistige Konfusion auf die Spitze. Außerdem ist es in diesem Fall nicht das Kind, das sich ‹spontan etwas vorstellt› und mit seinem eigenen Kopf arbeitet; denn es muß in jenem Augenblick das sehen, was die Lehrerin sagt. Und es wird nicht kontrolliert, ob das Kind wirklich denkt, daß der Stall eine Kirche geworden ist, oder ob seine Aufmerksamkeit anderswohin abschweift. Sicher möchte es sich bewegen, aber es darf nicht; denn es muß jene Art von Film betrachten, von dem die Lehrerin in der Aufeinanderfolge der Bilder spricht, während es leider nur lauter gleiche Holzstückchen gibt.* (1916)[131]

Die Montessori-Bewegung war zunächst im Vorschulbereich wirksam, bevor Montessori ihre Vorstellungen einer Entwicklungspädagogik im Schulalter darlegte. Bei der internationalen Verbreitung des Modells der Casa dei bambini stieß die Montessori-Bewegung auf den «Kindergarten», der durch die Pädagogik Friedrich Fröbels geprägt wurde. Insbesondere in den angelsächsischen Ländern, in England wie in den USA, war der Fröbel-Kindergarten weitverbreitet. Gerade in den USA, dem großen Einwanderungsland des 19. Jahrhunderts, stellte der «Kindergarten» eine wichtige Einrichtung als melting pot dar und integrierte unterschiedliche Mentalitäten und Sprachen in der Einheit seiner Beschäftigungen und Rollenspiele («Bewegungsspiele») und dem dabei entstehenden Gemeinschaftserlebnis. Auch in vielen europäischen Ländern, insbesondere

Friedrich Fröbel;
nach einem Gemälde
von Friedrich Unger,
um 1840

in Deutschland und in den Beneluxländern sowie in der Schweiz, war der Kindergarten Fröbelscher Prägung nach 1910 das vorherrschende Modell der Betreuung von Vorschulkindern. Auch andere Einrichtungen – wie «Bewahranstalten» und «Kleinkinderschulen» in Deutschland – hatten allmählich Methode und Material vom «Kindergarten» übernommen, ohne allerdings Fröbels Pädagogik insgesamt zu bejahen.

Der internationale Siegeszug der Montessori-Pädagogik bedeutet zugleich – vor allem dann nach 1918 und in Verbindung mit dem schwindenden Ansehen deutscher Sprache, Kultur und Bildung – einen Niedergang des Fröbel-Kindergartens. Dies gilt nicht für Japan und nur in eingeschränktem Maße für die USA und England. Sieht man aber von Deutschland ab, wo nach 1933 Fröbel zum Nationalpädagogen stilisiert wurde, so überformt in den zwanziger und dreißiger Jahren in Europa die Montessori-Pädagogik den bislang von der Fröbel-Pädagogik bestimmten Vorschulbereich. Teilweise entstanden auch Kombinationen aus Elementen beider Theorien bzw. Materialien.[132]

Hat sich Montessori eingehend mit Fröbel beschäftigt? Ihr Werk läßt durchaus vielfache Spuren der Auseinandersetzung mit dem «Kindergarten» erkennen. Ob sie die Schriften Fröbels gekannt hat, die in mehreren italienischen Übersetzungen aus dem Zeitraum 1885 bis 1889 vorlagen[133], muß bezweifelt werden.

In *Il metodo* (1909) bezieht sich Montessori meist auf Fröbels Spielmaterialien bzw. «Beschäftigungen» und nennt *Fröbels Webrahmen*[134], *Fröbels kleine Würfel und Bausteine* (gemeint sind wohl die dritte Gabe und Teile der sechsten Gabe)[135] sowie *Fröbels berühmte, in einer würfelförmigen Schachtel aufgehobene ‹Gaben› von Würfeln und Prismen* (gemeint ist die fünfte Gabe).[136] An einer anderen Stelle wird sogar von den *gegenständlichen Methoden, wie es Fröbel will*, gesprochen, aber Fröbels geometrischer Grundkurs, den er Vorschulkindern spielerisch im Umgang mit geometrischen Formen vermitteln will, abgelehnt: *Sagen wir ihm* [dem Kind] *also zum Beispiel, daß ein Quadrat vier Ecken hat und sich mit vier gleichlangen kleinen Stangen herstellen läßt, dann dringen wir tatsächlich in das Gebiet der Geometrie vor, und ich glaube, daß kleine Kinder für diesen Schritt noch sehr unreif sind. Doch die Betrachtung der Form kann für ihr Alter nicht unangebracht sein: Die Fläche des Tisches, an dem das Kind sitzt, um seine Suppe zu löffeln, ist wahrscheinlich ein Rechteck; der Teller mit dem gewünschten Essen ein Kreis, und wir sind gewiß nicht der Ansicht, das Kind sei nicht reif, Tisch und Teller anzusehen.*[137]

In *Mein Handbuch* (1914) werden einige Materialien Fröbels aufgezählt[138], in *L'autoeducazione* (1916) die eingangs wiedergegebene Kritik am Spiel bei Fröbel entwickelt.[139] *The Secret of Childhood* (1936) wiederholt diese Kritik,[140] während das Spätwerk *Formazione dell'uomo* (1949) wiederum positiv das pflegende Moment («Garten») am «Kindergarten» herausstellt.[141] In *The Absorbent Mind* findet Fröbel keinerlei Beachtung.

Was wollte Fröbel? Der thüringische Pfarrersohn Friedrich Fröbel (1782–1852)[142], Autodidakt, Schüler Pestalozzis, beeinflußt von der Philosophie Fichtes und Krauses, jahrzehntelang Schulpädagoge und Leiter verschiedener Privatschulen in Thüringen und in der Schweiz, wandte sich relativ spät – mit 54 Jahren – der Kleinkinderziehung zu und entwickelte einen Zusammenhang von Materialien, die er als «Gaben» und «Beschäftigungen» bezeichnete. Von den «Gaben» sind die bekanntesten die dritte bis sechste Gabe, die sogenannten Baukästen: kleine Würfel bzw. Täfelchen aus Holz und deren Teilungen. Zu den «Beschäftigungen» gehören etwa «Flechten» und «Ausschneiden». Mit diesen

Johann Heinrich Pestalozzi;
nach einem Gemälde
von G. Schöner, um 1807

Spielmaterialien soll sich das kleine Kind in der Vorschulzeit zu Hause oder im «Kindergarten» unter Betreuung durch die «Kindergärtnerin» beschäftigen. Fröbel nennt diesen Umgang «Spiel» und kennt zwei weitere Tätigkeitsfelder des Kindergartens, die «Bewegungsspiele» (Rollenspiele) und die Gartenpflege. Ferner schuf Fröbel noch die «Mutter- und Koselieder» (1844), ein Buch für die Hand der Mutter zur pädagogischen Pflege des Säuglings und Kleinstkindes an Hand von Bildtafeln, Fingerspielen und Liedchen. Beiden Bereichen – Kleinstkinderziehung und Kindergartenpädagogik – legt Fröbel die gleiche Erziehungsphilosophie zugrunde: Das Kind soll zur kategorialen Bildung geführt werden. Das heißt, seine geistigen Kräfte sollen durch entsprechend strukturierte Angebote (Reize) der Umgebung geweckt, geübt und weiterentwickelt werden. Insbesondere mathematische und ästhetische Zusammenhänge und Gesetzmäßigkeiten sollen erfaßt werden. Diese Forderung leitet Fröbel aus seiner Wirklichkeitssicht ab. Realität ist gottgeschaffene Schöpfung, von Gesetzen durchwirkt. Die Einheit und Ganzheit des Kosmos vermag das Kind in den erspielten Strukturen, den gebauten Formen der «Gaben», den hergestellten mathematischen Zusammenhängen der «Beschäftigungen» gefühlshaft zu erfassen, zu «ahnen» und sich allmählich bewußtzumachen. Fröbel geht dabei von der kindlichen Aktivität aus, die sich in der spielpflegenden Umgebung des Kindergartens optimal entfaltet. Fröbel wiederholt aber nicht die häusliche Wirklichkeit im Kindergarten. Er will bewußt abstrakte Spielmaterialien wie Ball und Würfel (mit seinen Teilungen) verwenden. Er nennt sie «Normalkörper», Norm gebende Körper. Hier zeigt sich Fröbel als Schüler Johann Heinrich Pestalozzis, der mit seiner Elementarmethode kategoriale Bildung beim Kind und beim Schüler aufbauen will. Unterricht wiederholt daher bei Pestalozzi und Fröbel nicht die alltägliche Lebenswelt, er ist nicht «Heimatkunde», sondern er vermittelt Verstehensperspektiven von Wirklichkeit, die richtige «Anschauung» als das Anschauen von Wirklichkeit durch die «Brille» elementarer Strukturen, von Abstrakta, zum Beispiel geometrischer Zusammenhänge. Nicht der konkrete Tisch beispielsweise ist für Pestalozzi entscheidend, sondern das Betrachten des Typischen des Tisches: der Tisch als Abstraktum. Und dies typisierende Anschauen wird durch das Vermitteln von Elementen vorbereitet. Auch bei Fröbel sind die «Gaben» Abstrakta, Normkörper – er nennt sie auch «Symbole», weil sie auf das gesamte Universum verweisen –, an denen und mittels derer die Wirklichkeit der Dinge durchdrungen werden kann auf ihre Struktur und Regelhaftigkeit hin. Wenn das Kind mit den acht kleinen Würfeln der dritten Gabe Pferd und Pferdestall spielt (so Montessoris eingangs zitiertes Beispiel), dann ist für Fröbel entscheidend: Diese Bauformen sind «Lebensformen» (im Gegensatz zu den ästhetischen «Schönheitsformen» und den mathematischen «Erkenntnisformen», die man aus diesem Material auch bauen kann). Und diese «Lebensformen» Pferd und Stall veranschaulichen einen Lebenszusammenhang, eine Einheit. Es geht dabei aber nicht um eine reale Wirklichkeit, sondern um eine abstrahierte Realität. Und die kategoriale Leistung des Kindes besteht nun gerade darin, daß das Kind die Abstrakta in den Händen hält und sie zur Realität werden läßt – so wie die immer mehr schwindende Buchkultur ja auch beim Lesen der Sätze die Phantasie hervorruft, die benötigt wird, um dem Gelesenen Leben einzuhauchen.

Bei Montessori aber haben die Materialien eine formale Funktion. Sie sollen über die Sinne den Intellekt in seiner Konzentrationsleistung aktivieren. Die vorbereitete Umgebung wiederum wiederholt alltägliche Realität, isoliert einzelne Funktionen wie zum Beispiel die Schnür- und Knöpfübung. Die Phantasie spielt bei Montessori kaum eine Rolle.[143] Der einzige Beitrag Montessoris, der die produktive Funktion von Fiktionen anspricht, stammt aus dem Jahre 1946.[144] Im allgemeinen aber hat *Einbildungskraft* bei Montessori die Funktion, realitätsbezogene Vorstellungen aufzubauen. Der Maßstab bleibt die alltägliche Realität, die Lebenswelt. Daher spricht Montessori auch von *Arbeit* und *Beschäftigung* des Kindes, kaum von Spiel.

Bei Fröbel wiederum hat das Spiel nichts mit der völlig freien, subjektivistischen Verfügung über den Gegenstand zu tun, der mit Projektionen

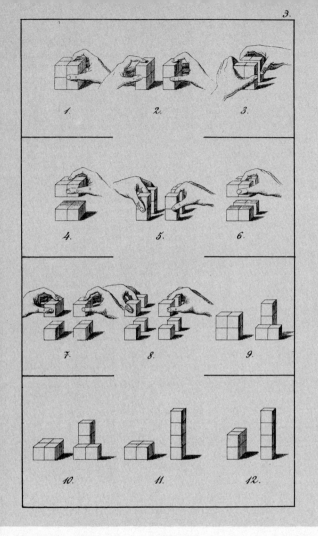

Fröbels dritte Gabe: Erkenntnisformen

überformt wird und dessen Gegenstandsqualitäten entfallen. Fröbel geht es stets um ein strukturierendes Spiel, dessen Gestaltungsfreiheit sich im Rahmen gesetzmäßiger Rahmenbedingungen bewegt. Freiheit und Ordnung (Gesetz) sind dialektisch verbunden.

Das Eingangszitat zeigt: Montessori will sich von Fröbels Pädagogik abheben. Dies ist aus ihrer Absicht, eine neue Bewegung aufzubauen,

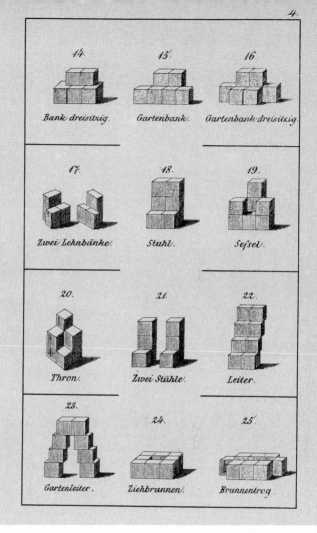

Fröbels dritte Gabe: Lebensformen

auch verständlich. Jede kulturelle Neuerung vernichtet einen Teil der Tradition. Nun hat sich Maria Montessori nicht schwergetan, den Kindergarten Fröbels zu attackieren. Denn dieser bestand in seiner Ursprungsgestalt schon längst nicht mehr. Fröbel wollte nämlich ganz eindeutig ein Übergewicht an kindlicher Selbstaktivität in der Spielpflege. Die Kindergärtnerin sollte sich am Spiel beteiligen, bei der Strukturierung behilflich

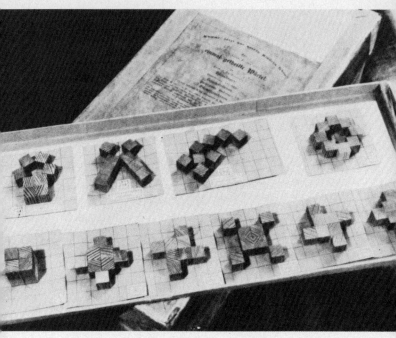

Vorschläge zur Anwendung der dritten Gabe Fröbels: Schönheitsformen

sein, aber sich weder ganz aus dem Spiel heraushalten noch den Spielablauf im Stil schulischen Frontalunterrichts bestimmen. Beide Entartungsmodi aber fand Montessori vor: den entwicklungspsychologisch gestalteten Kindergarten des völlig freien Spiels der Kinder und den völlig verschulten Kindergarten. Der erste Typus ist für Montessori kein Problem. Er hat mit Fröbel nichts mehr zu tun. Die zweite Variante muß Montessori ernster nehmen. Denn der verschulte Kindergarten geht ja von Fröbels Materialien und Zielsetzungen aus. Er verändert nur die Methode der Spielpflege zum Frontalunterricht. Das eingangs zitierte Beispiel zeigt, daß Montessori an dieser Variante orientiert ist und diese offensichtlich real erlebt hat. Das Zitat demonstriert auch die Dominanz des Realitätsprinzips bei Montessori. Dadurch muß aber die Produktivität des Fiktiven abgewertet werden. Es entstehen so absonderliche Formulierungen wie: *Mit Pferden Türme und Kirchen zu erbauen, treibt die geistige Konfusion auf die Spitze.* So richtig die Kritik Montessoris an der beobachteten, lehrerzentrierten Kindergartenpraxis auch sein mag: ihre Einwände gegen Fröbels Bauprinzip lassen erkennen, daß sie Fröbels zentrales pädagogisches Element, zu konstruieren, am Abstrakten fiktional Realität auszubilden, um Realität damit bewußt, nicht nur lebensweltlich erlebend durchdringen zu können, nicht wahrnahm. Dazu hätte ihr aber sicherlich die Lektüre der Schriften Fröbels verhelfen können.

Bei genauerer Betrachtung stehen aber beide Pädagogen einander doch näher, als dies zunächst scheint. Beide gehen von der durch Materialien angeregten kindlichen Selbstkraft, der Eigenaktivität aus. Beide sehen im Kind den *Baumeister des Menschen*. Beide sind im Grunde von Pestalozzis neuem Verständnis von Erziehung, das mit aller bisherigen pädagogischen Tradition bricht und Erziehung als Hilfe bei der Selbstkonstituierung der geistigen Kräfte begreift, beeinflußt – Fröbel eindeutig, Montessori im Spätwerk deutlicher als in den frühen Schriften. Und doch: Gerade *Mein Handbuch* von 1914 enthält eine aufschlußreiche Passage, die andeutungsweise Pestalozzis Grundproblem erkennen läßt und die auch von Fröbel stammen könnte.

Es geht um geometrische Figuren und Formen, die erkannt werden sollen. Und hier handelt es sich doch eindeutig um Abstrakta. Nun kommt der lebensweltliche Bezug dazu, und Montessori schildert genau das, was Pestalozzi und Fröbel wollen: Ein Besucher verteilte in der Casa Kekse. *Als er seine Gabe verteilt hatte, sah er aber nicht die Kinder die Leckerei hastig in den Mund stecken, sondern zu seiner großen Verwunderung hörte er sie rufen: ‹Ein Dreieck, ein Kreis, ein Rechteck!› In der Tat waren die Biskuite in geometrischen Formen hergestellt. – In einer Arbeiterwohnung in Mailand nahm eine Mutter, die in der Küche das Mittagessen bereitete, eine Schnitte Butterbrot herunter. Ihr kleiner vierjähriger Junge, der bei ihr war, sagte: ‹Rechteck.› Die Frau, die in ihrer Arbeit fortfuhr, schnitt einen Ranft vom Brot ab, und das Kind rief: ‹Dreieck.› Sie tat das Stück in einen Saucennapf, und das Kind rief mit einem Blick auf das übriggelassene Stück noch lauter als vorher: ‹Und nun ist's ein Trapez.›* [145]

The Secret of Childhood

Aber auch das Kind ist ein Arbeiter und ein Erzeuger. Kann es auch nicht an der Arbeit des Erwachsenen teilnehmen, so hat es doch seine ganz eigene große, wichtige und schwere Aufgabe zu erfüllen: die Aufgabe, den M e n s c h e n zu bilden. Ist aus dem untätigen, stummen, unbeweglichen und des Bewußtseins entbehrenden Neugeborenen ein fertiger Erwachsener geworden, mit einer Intelligenz, die sich mit den Errungenschaften des seelischen Lebens bereichert und mit dem strahlenden Licht des Geistes, so ist dies alles dem Kind zu verdanken. Das Kind ist der Erzeuger des Menschen... Dem Kind kommt die Stellung eines wirklich Schaffenden vor allem deshalb zu, weil es sein Ziel, die Bildung des Menschen, nicht durch bloßes Ruhen und Nachdenken erreicht. Nein, seine Arbeit ist Aktivität, ist fortgesetztes Schöpfertum... Das Kind wächst mit der Übung, seine aufbauende Aktivität besteht in einer wirklichen Arbeit, die materiell in die Umgebung hineinreicht. Durch die Erfahrungen, die es macht, übt sich das Kind und kommt in Bewegung; es stimmt seine Bewegungen aufeinander ab, die Gefühlseindrücke, die es aus der Außenwelt aufnimmt, formen seinen Verstand; es vollbringt beim Erwerb der Sprache wahre Wunder an Aufmerksamkeit und Auffassungskraft, Wunder, die nur ihm allein möglich sind; und unaufhaltsam versucht es, sich auf die Beine zu stellen und zu gehen, bis ihm dies eines Tages gelingt... Das Kind hält sich genau an das von der Natur aufgestellte Programm. Durch unermüdliche Aktivität... erfüllt das Kind Schritt für Schritt seine schwierige und wunderbare Aufgabe und erreicht immer neue Formen der Vollkommenheit... Wir Erwachsenen hängen vom Kinde ab. Auf dem Gebiet seiner Wirksamkeit sind wir seine Kinder. (1936)[147]

Zwar sind bereits in Vorträgen und Texten Ende der zwanziger Jahre die wesentlichsten Begriffe der Spätwerke ausgebildet, so etwa *sensible Periode* oder *Normalisation*.[148] Trotzdem: Montessoris *The Secret of Childhood* – der deutsche Titel *Kinder sind anders* verharmlost die emotionale Anmutung des ursprünglichen Titels – stellt ein ungemein faszinierendes Werk dar. Im Gegensatz zu den teilweise kompliziert geschriebenen beiden Frühschriften *Il metodo* und *L'autoeducazione* und dem letzten großen Werk über den «absorbierenden Geist» (*The Absorbent Mind*;

Maria Montessori, Ende der vierziger Jahre

1949) ist dieses Buch nicht nur wohltuend einfach formuliert, handelt es sich doch um eine Nachschrift von Vorträgen. Darüber hinaus gelangt es zu einer bemerkenswerten Synthese von Montessori-Praxis und Montessoris Theorie. Das Frühwerk besteht ja aus der Beschreibung von Entstehung und Realität der Pädagogik der Casa. Davon ist *Il metodo* geprägt, davon lebt *Mein Handbuch*, und diesen Ansatz bestimmt auch *L'autoeducazione*, wenngleich dieses Werk sich nun dem Schulbereich zuwendet. Daß das Material das Montessori-Phänomen hervorrief, war der rote Faden dieser Werkstattberichte. Aber was war – psychologisch oder besser anthropologisch gesprochen, also von der Perspektive der kindlichen Natur aus betrachtet – dieses Montessori-Phänomen eigentlich? Auf Grund welcher psychischen Gegebenheiten wird dieses Phänomen möglich, kommt Konzentration zustande, geschieht die *Explosion*? Die *Polarisation der Aufmerksamkeit* als Formel – das war eigentlich auch nicht viel mehr als eine Beschreibung «von außen». Denn auch dieser Begriff ließ offen, welche Instanz nun die *Lösung kristallisieren*, also sich ausformen ließ – ganz abgesehen von der Fragwürdigkeit aller Metaphorik für die Beschreibung psychischer Prozesse. Das heißt nun aber wiederum nicht, daß wir in *Kinder sind anders* (bleiben wir beim deutschen Titel) nur «Theorie» vorfinden. Das Faszinierende dieses Buches, das sich daher auch ausgezeichnet für den Einstieg in Montessoris Pädagogik eignet, besteht in der produktiven Wiederholung und Integration der Probleme der Frühschriften. Denn auch hier finden wir die Entstehungsgeschichte der ersten Casa dei bambini wieder.[149] Auch hier schildert Montessori das nach ihr bezeichnete Phänomen der Konzentration durch vielfache Wiederholung einer Übung.[150] Auch hier stellt sie entscheidende Elemente der geregelten Umgebung im Kinderhaus dar: freie Wahl des Materials; Aufbau der Disziplin durch die Beschäftigung; das Problem der Würde, der Selbstachtung; Belohnung und Strafen als überholte pädagogische Elemente; die Einrichtung der *Stille*, Schreib- und Lese-*Explosion*. Und das sind ja alles Bestandteile der Kinderhauspraxis, wie sie im ersten Buch Montessoris enthalten ist. Aber nun haben diese Elemente einen anderen Stellenwert. Sie sind nicht nur Bestandteil der Entstehungsgeschichte des Kinderhauses, sondern sie erhalten ihren Rang im Kontext des gesamten Buches. Und dieses Buch will letztlich dualistisch das *normale* und das *normalisierte* Kind kennzeichnen und die psychischen Bedingungen der *Normalisation*, aber auch die sozialen Ursachen des Mißlingens bzw. der Notwendigkeit zur *Normalisation* beschreiben. Ergebnis mißlungener, «normaler» Erziehung ist dann das alltäglich vorfindbare Kind als Geschöpf und Produkt der Erwachsenenwelt, nicht aber als Produkt seiner selbst.

In Umrissen ist damit bereits die Struktur dieses Werks sichtbar geworden. *Kinder sind anders* enthält drei Teile. Im ersten Teil, dem wichtigsten, geht es um den *geistigen Embryo*, also um die Selbstwerdung des Kindes (s. Eingangszitat zu diesem Kapitel). Hier finden sich die dann für das ganze Buch zentralen Aussagen über die *sensiblen Perioden*.[151] Ausgangspunkt des ersten Teils ist aber der Vorwurf, das durch Ellen Key und die europäische reformpädagogische Bewegung ausgerufene «Jahrhundert des Kindes» sei nichts weiter als ein Etikett. Montessori greift hier ihr Problem des Zusammenhangs von sozial auffälligen Kindern bzw. Jugendlichen und Bildungsreform auf, dem sie sich intensiv um die Jahrhundertwende auf Kongressen zuwandte. Schärfer als seinerzeit und so-

> *E si udì sulla Terra*
> *una voce tremante,*
> *che non si era mai*
> *udita;*
> *usciente da una gola*
> *che non aveva vibrato*
> *giammai......*
>
> *Maria Montessori*

«Und man vernahm auf der Erde eine lebende Stimme,/nie zuvor gehört;/sie drang aus einer Kehle,/aus der noch nie ein Laut erklungen war.»
Gedicht Maria Montessoris für «Il bambino in famiglia», 1936

zialkritischer bildet sie nun einen Zusammenhang von Jugendverwahrlosung, sozialen Spannungen zwischen den Generationen und einer nicht kindgemäßen Erziehung, die das Kind an den Erwachsenen anpaßt. Sozialkritik und anthropologischer Entwurf gehen ineinander über. Die Sozialkritik setzt ein bestimmtes Bild vom «wahren» Kind voraus und ermöglicht die Anprangerung sozialer Realität als Ergebnis falscher Erziehung. Die in diesem Zusammenhang der Bestimmung von kindlicher «Natur» aufgegriffene Theorie der Psychoanalyse wird von Montessori kritisiert: Sie beschränke sich auf den Bereich des seelisch kranken Menschen. Positiv bleibe jedoch, daß sie die «Natur» des Kindes (des Menschen) auszuloten begonnen habe und ein zentrales Konfliktpotential in der Beziehungsstruktur zwischen Erwachsenen und Kindern sehe. Aber «Natur» ist bei Montessori etwas völlig anderes als der Kampf sexueller Triebenergien gegen ein Über-Ich. Kindliche und menschliche «Natur» bedeuten: Auffassung der Psyche als Ort zeitlich begrenzter Entfaltung spezifischer Kräfte (Sensibilitäten) für Wirklichkeitsbereiche. In diesem Zusammenhang beschreibt Montessori die Periode der Sprachentwicklung (als Skizze, in *The Absorbent Mind* ausführlich) und des *Ordnungssinns*.[152]

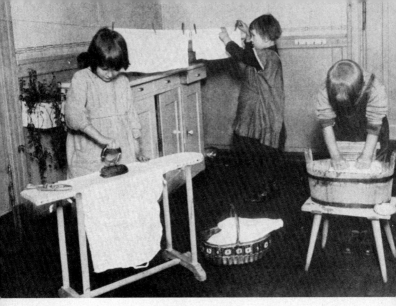

Hausarbeit in einem Montessori-Heim, um 1925

Im zweiten Teil wird die Entstehungsgeschichte des Kinderhauses von San Lorenzo und dessen *vorbereitete Umgebung* geschildert. Etwas irritierend, daß Montessori in diesem Teil acht *Abwegigkeiten* wie Lüge, Angst, Machtbegierde, Minderwertigkeitskomplex, Besitztrieb, Hemmungen und Flüchten sowie Abhängigkeit beschreibt. Denn diese Zusammenhänge gehören eigentlich noch zum ersten Teil, zur Zustandsbeschreibung der Devianz, des durch Mängel bestimmten Kindes als Ergebnis einer bestimmten Erziehungsweise. Montessori nimmt jedoch diese Zustandsbeschreibungen in den zweiten Teil hinein und kontrastiert damit die kindgemäße Erziehung der Casa: Das *Normale* steht gegen das *Normalisierte*. Der dritte Teil diskutiert die soziale Frage des ersten Teils nochmals als *Kampf zwischen Kind und Erwachsenem* und charakterisiert dann die unterschiedliche Arbeitsweise von Erwachsenem und Kind. Hier wie bei der Beschreibung grundlegender arterhaltender Einstellungen wie der mütterlichen Zuwendung zum Kind (Pflege) verwendet Montessori den biologischen Begriff *Instinkt* und spricht vom *Arbeits-* und vom *Mutterinstinkt* – auch beim Menschen. Eingerahmt werden die drei Teile von der dramatischen Schilderung des Menschen in der Situation der Geburt und als Schulanfänger. Beide Situationen zeigen das Kind als leidenden Menschen. Montessori zögert nicht, hier sehr plakative Bilder der Bibel zu verwenden: das Bild des *Ecce homo* – Jesus am Kreuz.

Mit der deutlichen Orientierung an biologischen Zusammenhängen (den Begriff *sensible Perioden* hat Montessori 1917 von de Vries übernommen) gewinnt Montessori zwar einen Maßstab, der der Psyche ungemeine Stabilität zuordnet. Natürlich-biologische Prozesse entfalten sich gesetzmäßig und zwangsläufig. Es drängen sich jedoch einige Fragen auf: Wenn die psychischen Sensibilitäten sich zwangsläufig, gesetzmäßig, qua Naturkraft entfalten – was hindert sie dann an ihrer Entfaltung? Wie lassen sich Deformationen erklären? Diese aber sind doch Voraussetzung der *Normalisation* durch entsprechende erzieherisch «richtige» Angebote. Einfacher gesagt: Wenn der menschliche Organismus naturgemäß seine psychischen Möglichkeiten entfaltet, was bringt dann überhaupt die psychischen Deformationen beim Erwachsenen hervor, der selbst Kind war? Und weshalb ist die normalisierende Umgebung der Materialien und Mittel wirksam? Denn daß sie wirksam ist, läßt sich auf Grund der empirischen Befunde nicht bestreiten.

Montessoris Paradebeispiel der *sensiblen Periode* ist die Sprache. Überzeugend schildert Montessori, daß das kleine Kind, in einen anderen Sprach- und Kulturkreis versetzt, wie ein Schwamm diese völlig anders strukturierte Sprachwirklichkeit «aufzusaugen» und sich anzueignen imstande ist. Aber ist dies nicht wie die Tatsache des «extrauterinen Frühjahrs» des Menschen, der ein Jahr zu früh und unausgereift zur Welt

Spiel und Arbeit im Garten eines Montessori-Heims, um 1925

kommt, was Montessori als Beleg für die spezifische Natur des Menschen deutet, Produkt der Evolution? Das Wachstum des Großhirns und die damit verbundene Kopfgröße des Fötus ermöglicht ab einer bestimmten Schwangerschaftsdauer eben kaum mehr eine Normalgeburt und bringt so die «Frühgeburt» als Normalgeburt zustande. Gleiches gilt für die Sprachkraft des Kindes, die sicherlich evolutionär im Verlauf der Menschheitsgeschichte von der Steinzeit bis heute sich qualitativ verändert hat. Insofern ist die «Natur» des Menschen nur quasi-anthropologisch bestimmt und eben auch Produkt der Kulturgeschichte des Menschen. Die biologische Verfaßtheit des Menschen – auch des Kindes – ist also geprägt durch die Evolution seiner Geschichte.

Doch was versteht Montessori in *Kinder sind anders* unter einer *sensiblen Periode*? Montessori vergleicht diese *Empfänglichkeitsperioden* mit einem *Kompaß* oder einem *Scheinwerfer, der einen bestimmten Bezirk des Inneren taghell erleuchtet*; vergleichbar auch *einem Zustand elektrischer Aufladung*.[153] Dieser Zustand, der dazu führt, daß das Kind in spezifischer Weise sich bestimmter Wirklichkeitsbereiche zu bemächtigen und dabei zugleich diese spezifische Kraft auszubilden vermag – bei der Sprache Zuwendung zur objektiven Sprachwelt der Umgebung und dem Aufbau der eigenen Sprachfähigkeit, des Sprechens –, ist zeitlich begrenzt. *Hat das Kind aber nicht die Möglichkeit gehabt, gemäß den inneren Direktiven seiner Empfänglichkeitsperioden zu handeln, so hat es diese Gelegenheit versäumt, sich auf natürliche Weise eine bestimmte Fähigkeit anzueignen; und diese Gelegenheit ist für immer vorbei.*[154] Ist die Empfänglichkeitsphase vorbei, *so können weitere Errungenschaften nur mit reflektierender Tätigkeit, mit Aufwand von Willenskraft, mit Mühe und Anstrengung gemacht werden.*[155] Wird das Kind jedoch während einer spezifischen Periode an der Tätigkeit dieser Sensibilität gehindert, *so erfolgt in der Seele des Kindes eine Art Zusammenbruch, eine Verbildung.*[156] *Die Folge ist ein geistiges Martyrium, von dem wir noch so gut wie nichts verstehen.*[157] Die Beispiele Montessoris, insbesondere zum Aufbau des Ordnungssinns, zeigen dann ein *launenhaftes* Kind. Von einem etwa anderthalb Jahre alten Kind berichtet Montessori: Die Familie war von einer längeren Reise zurückgekehrt. Während der Reise zeigte das Kind keinerlei Auffälligkeiten. Es hatte ein eigenes Bettchen. Nun schlief es mit der Mutter in einem großen Bett. Es war krank geworden: Schreianfälle, Verdauungsstörungen plagten es. Sein Zustand verschlechterte sich. Montessori ist der Überzeugung, das Kind sei nicht organisch, sondern psychisch erkrankt: *Als ich zu dieser Überzeugung gelangte, lag das Kind auf dem Bett und hatte eben wieder einen seiner Erregungszustände. Ich nahm zwei Lehnsessel und stellte sie so gegeneinander, daß sie zusammen eine Art von gepolstertem Bettchen bildeten. Darauf stattete ich dieses Bettchen mit Wäsche und Decken aus und stellte das Ganze wortlos neben das große Bett. Das Kind schaute, hörte auf zu schreien, rollte sich bis an den*

Bettrand, ließ sich in die improvisierte Wiege fallen und schlief augenblicklich ein. Die Krankheitssymptome kehrten nie wieder.[158] Montessori radikalisiert diesen Zusammenhang. Kann sich die sensible Periode für kurze Zeit nicht entfalten, so kommt es zu *Launen*, zu *heftigen Ausbrüchen* und *Zeichen der Verzweiflung*. All das sind Symptome einer seelischen Störung, eines Spannungszustandes der Psyche, die ihr derzeitiges Bedürfnis leben will.[159] Werden solche Bedürfnisse auf Dauer blockiert, so entstehen *tote Seelen, aber auch verkrüppelte, blinde, schwache, in der Entwicklung gehemmte Seelen in großer Zahl, und obendrein Hochmut, Machtgier, Geiz, Jähzorn, Wirrköpfigkeit.*[160]

Die Entwicklung der *sensiblen Perioden* wird von Montessori in Analogie zur Menschwerdung Christi als *Fleischwerdung* des *geistigen Embryos* beschrieben. Bereits das Neugeborene besitzt eine geistige Kraft, aber einen noch nicht lenkbaren und geistig integrierten körperlichen Organismus. Bis zum Gehenkönnen als Ausdruck der intelligenten Kontrolle der Motorik durch den Intellekt strebt der neugeborene Mensch danach, die Unbeweglichkeit seines Körpers seelisch-geistig zu durchdringen und zu einer Einheit von Körper und Geist zu gelangen. Die Annahme, das Kind sei passiv, ist falsch. *In Wirklichkeit trägt das Kind den Schlüssel zu seinem rätselhaften individuellen Dasein von allem Anfang in sich. Es verfügt über einen inneren Bauplan der Seele und über vorbestimmte Richtlinien für seine Entwicklung.*[161] Fleischwerdung des Menschen ist also gleichzusetzen mit der allmählichen *Beseelung* des zunächst vollkommen unbeholfenen Körpers durch Koordinierung von Sinnestätigkeit, Intellekt und Bewegung. Allmählich führt die *Fleischwerdung* dann über den leiblichen Bereich hinaus und integriert auch die kulturelle Umgebung: Sprache, Ordnungen, Regelungen, Normen.

Kinder sind anders hat unverkennbare Defizite. Es überwiegt der theoretische Entwurf der Psyche. Demgegenüber treten die empirischen Daten und Ergebnisse, die für die Frühschriften noch grundlegend waren, zurück. Sie sind bis auf geringe Reste, eingestreut in die Entstehungsgeschichte der Casa dei bambini, nicht mehr vorhanden. Das Material, die Mittel als Instrumente der *Normalisation* treten so gut wie gar nicht in Erscheinung. Dafür sind die zahlreichen Anklänge an das Christentum nicht zu überhören. Man hat Montessori vorgeworfen, sie sei «Mystikerin».[162] Das ist sicherlich übertrieben. Kramer spricht von der «Doppelnatur» Montessoris. Das ist zu sehr in Gegensätzen gedacht. Aber richtig ist, daß die Übernahme biblischer Metaphern in diesem Buch eine bedeutende Rolle spielt. Im Grunde wird darin Montessoris Religiosität sichtbar. Die «Natur» des Menschen, auch die des Kindes, läßt sich eben nicht nur biologisch bestimmen. Das Wesen des Menschen ist Ausdruck seines Ursprungs als Geschöpf Gottes. Diese religiöse Fundiertheit von Montessoris Pädagogik steht jenseits von Wissenschaft. Und hier kommt Montessori wieder Fröbel sehr nahe.

Aber schließlich hat jede Theorie bei aller empirischen Evidenz und Abgesichertheit ein spekulatives Axiom, das sie begründet. In *Kinder sind anders* ist es die Gestalt des «Messias», die den Rahmen dieses Buches bildet. Das Kind geht den Leidensweg Jesu, es wird als Neugeborenes leidend zur Welt gebracht. Es leidet unter der rigiden Erziehung der Eltern und der Zwangseinrichtung Schule. Im Pathos Montessoris, das hier ausgeprägt ist wie in kaum einer anderen ihrer Schriften, schwingen Wehmut und Trauer, aber auch Hoffnung – Wehmut über die Notwendigkeit und Unaufhebbarkeit menschlichen Leidens und Leids, Hoffnung auf die Erneuerung der Menschheit, des Menschen, durch das Kind, durch jedes Kind:

Von einem Menschen habe ich gehört, der in der tiefsten aller Finsternisse gelebt hatte. Niemals hatten seine Augen auch nur den Schimmer eines Lichtes gesehen, als läge er auf dem Grunde einer tiefen Schlucht.

Von einem Menschen habe ich gehört, der in der Stille gelebt hatte. Kein Geräusch, nicht einmal das leiseste, war je an sein Ohr gedrungen.

Von einem Menschen habe ich gehört, der wahrhaft dauernd unter Wasser gelebt hatte, in einem seltsam lauen Wasser, und der dann mit einem Male in eisige Kälte emportauchte... Und er lebte... Dann schrie dieser Mensch. Und man vernahm auf der Erde eine bebende Stimme, die nie zuvor gehört worden war. Sie drang aus einer Kehle, aus der nie zuvor ein Laut gedrungen war... Und jetzt... tritt er hinaus: Verwundet von Licht und Ton, erschöpft bis in die letzte Fiber, nimmt er alle Arbeit seines Daseins auf sich. Und er stößt einen lauten Schrei aus: ‹Warum hast du mich verlassen?› Und das ist das erste Mal, daß der Mensch in seinem Dasein den sterbenden Christus wie auch den Christus der Auferstehung widerspiegelt![163]

Aber das Kind ersteht immer wieder und kehrt immer wieder, frisch und lächelnd, um unter den Menschen zu leben... das Kind ist der ewige Messias, der immer wieder unter die gefallenen Menschen zurückkehrt, um sie ins Himmelreich zu führen.[164]

Die späten Jahre

Das Kind wollten wir schützen und haben erkannt, daß wir selber Schutz brauchen. Wir haben nach Methoden zur Erziehung und Bildung des Kindes gesucht, und wissen jetzt, daß das Kind unser Lehrmeister ist. Bilden kann dieser Lehrmeister uns nicht, aber er kann uns wie keiner sonst unsere Natur und ihre Möglichkeiten zeigen. Darum zieht das Kind uns an: uns als Individuen, als Glieder der menschlichen Gesellschaft und zum Wohle der ganzen Menschheit.

Ich spreche eine Sprache, die viele von Ihnen nicht verstehen: Sie selber gehören verschiedenen Rassen und Nationen an, aber Sie sitzen beieinander, und es wundert Sie nicht. Wir haben zusammengefunden, weil etwas uns eint, das allen Kulturen, allen Gesellschaftsschichten und allen Konfessionen gemeinsam ist – ‹das Kind›.

Sie und mich hat etwas Schönes und Tiefes im Kind angelockt – nicht nur in all den reizenden Einzelgeschöpfen, die wir lieben, auch in jenem beinah symbolischen Wesen, das ein Geheimnis in sich birgt, ein Geheimnis, das wir nie völlig ergründen werden und das uns darum auf immer in Bann halten wird. (1937)[165]

In der letzten Phase ihres Lebens, die Maria Montessori in den Niederlanden und von 1939 bis 1946 in Indien, dann wieder – mit weiteren Aufenthalten in Indien – in Holland verbringen wird, kreisen ihre Gedanken noch deutlicher um das Wesen der kindlichen Natur. Zugleich wird sie mit den politischen Spannungen in Europa konfrontiert, die schließlich zum Ausbruch des Zweiten Weltkriegs führen, der die furchtbare Zahl von über 60 Millionen Toten kosten wird.

Daher beschäftigt sie sich unermüdlich in gleicher Weise mit dem Problem der Erziehung zum Frieden.[166] Ihr Glaube an die Kraft der Erziehung bleibt trotz der politischen Entwicklung ungebrochen. In der *Supra-Natur* des Menschen, ein Begriff Montessoris, der für «Kultur» steht[167], fließen biologische, pädagogische und theologische Elemente ineinander. Der Mensch ist ein «Kulturwesen». Er entwickelt seine «Natur», seine Kräfte, die in der Kleinkindphase weitgehend biologisch definiert werden, gemäß seiner individuellen Selbstkraft. Der Mensch gestaltet Wirklichkeit. Diese vom Menschen gestaltete Wirklichkeit der Einrichtungen,

Maria Montessori und ihr Sohn Mario, 1951

Traditionen, Gebräuche wirkt auf den einzelnen heranwachsenden Menschen und auf dessen geistige Entwicklung ein. Insofern bedarf die geistige Entwicklung mit ihrer allmählich schwächer werdenden biologischen Komponente verstärkt der pädagogischen Zuwendung und der Vermittlung kultureller Zusammenhänge.

Für die Schulpädagogik Montessoris bedeutet das aber, daß der Materialbegriff beliebig wird. Jeder didaktisch strukturierte Zusammenhang – eine Arbeitskarte mit der Lösung auf der Rückseite wie ein Schülerlexikon mit leicht lesbaren und anschaulichen Zeichnungen, Graphiken und Vokabular – kann als Material gelten. Letztlich löst sich Unterricht in einen Prozeß der Selbsterarbeitung von fachlichen Sachzusammenhängen durch den Schüler auf.[168] Man vergleiche den Montessori nahestehenden Dalton-Plan Helen Parkhursts. Entscheidend ist dann die Ausstattung der Schulen mit einer Fülle von Materialien und die Abkehr vom frontalunterrichtlichen Lektionenbetrieb. Der Lehrer bleibt an der Peripherie und gibt auf Anfragen Erläuterungen und Hilfen. Er beobachtet und erweitert sein Wissen vom Entwicklungsstand seiner Schüler. Aber Montessori meint doch vor allem dies: Unterricht vollzieht sich als k o n z e n t r i e r t e   A u s e i n a n d e r s e t z u n g mit einer Thematik an Hand von Materialien durch den Schüler. Das ist der Ansatzpunkt – teilweise – in Montessoris Schulpädagogik für die Grundschule (*L'autoeducazione*) gewesen, wenngleich hier noch eine deutliche Übernahme verschiedener Funktionen der Casa wie Stilleübung und Schreib- und Leseübungen vorliegt. Deutlicher wird Montessoris kulturorientierter schulpädagogischer Ansatz in *De l'enfant à l'adolescent* (*Von der Kindheit zur Jugend*) sichtbar, ihrem Entwurf einer Sekundarschul-Pädagogik von 1948.[169] Hier ent-

Kinder einer Montessori-Klasse bei ihrer selbstgewählten Arbeit, um 1925

wirft Montessori das Konzept einer Art Gesamtunterricht und verbindet bei der Darstellung des Themas «Weltmeer» biologische, geographische, chemisch-physikalische und naturgeschichtliche Zusammenhänge. Unverkennbar aber lassen sich Teile der Schulpädagogik Montessoris in den Ergebnissen der europäischen reformpädagogischen Bewegung der zwanziger und dreißiger Jahre wiederfinden und sind nicht genuiner Ausdruck Montessoris.

Die pädagogisch weiterentwickelte geistige Sensibilität des Kindes durch Schule geht also nicht wie bei der *vorbereiteten Umgebung* bzw. dem didaktischen Material der Casa von der Peripherie (Sinne und Motorik) zum Zentrum (Geist). Umgekehrt dominiert hier das Zentrum, das geistige Interesse, das gezielt sich bestimmter Materialien bemächtigt, um sich durch sie anregen und auf ein bestimmtes Thema hin vertiefen bzw. weiterführen zu lassen.

Damit aber wird nun der heranwachsende Mensch in die Kulturwelt eingeführt, in geistige Bereiche, die er dann mitträgt. Er wird Teil der *Supra-Natur* des Menschen. Sie ist nur möglich auf Grund der Entwicklung der biologisch gedachten «Natur» des Menschen, der *sensiblen Perioden*. Werden diese nicht ausgebildet, so gelangt das Kind, der Schüler (Schülerin) nicht zur Einstellung hochmotivierten Interesses, sondern zu Verunsicherungen und Hemmungen, die den aktiven Lernprozeß behindern, ja unmöglich machen. Das Ergebnis der *Normalisation* ist, wie wir wissen, das *normale Kind*, das sich eben gar nicht wie ein normales Kind verhält. Aber es vermag sich voll der Produktivität der Kultur zu stellen, weil es selbst produktiv sein kann: *Normale Kinder bewegen sich ruhig, sie stehen gern lang an einer Stelle und starren ein Objekt an, so als ob sie tiefe Betrachtungen darüber anstellten. Ruhe, sparsame, gemessene Bewegungen, Neigung zur Nachdenklichkeit – das sind also die wahren Kennzeichen eines normalen Kindes... Es ist Herr über die Suggestion, die von den Dingen ausgeht und verfährt mit diesen Dingen nach freiem Ermessen. Worauf es ankommt, ist also nicht die Lebhaftigkeit der Bewegungen, sondern die Beherrschung seiner selbst... Die Fähigkeit, sich gemäß der Leitung durch sein Ich zu bewegen und nicht nur gemäß der von den äußeren Dingen ausgehenden Anziehungskraft, führt das Kind dazu, sich auf ein einziges Ding zu konzentrieren, und diese Konzentration hat ihren Ursprung in seinem Innenleben. Wahrhaft normal ist eine vorsichtige, nachdenkliche Art, Bewegungen auszuführen, und in ihr drückt sich eine Ordnung aus, die man innere Disziplin nennen darf.*[170]

Indem das so konzentrierte Kind sich geistige Wirklichkeit aneignet, begibt es sich produktiv in die *Supra-Natur*, wird es Teil dieser Kultur und begreift diese Wirklichkeit als *kosmisch*.[171] Erziehung zur Aneignung der *Supra-Natur*, Erziehung zum Frieden und *kosmische Erziehung* gehen ineinander über. Sie alle setzen entwickelte «Natur» des Kindes voraus und profitieren von der theologisch gedachten Selbstkraft des Kindes, der

Horme, die sich in den Sensibilitäten der frühen Kindheit äußert und dann dem Aufbau der *Supra-Natur* dient, der Montessori ganz optimistisch den Fortschrittsgedanken zuordnet.[172] – In den beiden Spätwerken *The Absorbent Mind* und *Formazione dell'uomo* (beide 1949) und in einer Fülle von Vorträgen wird der Zusammenhang von «Natur» (*Horme*), *Supra-Natur*, kosmischer Erziehung und Erziehung zum Frieden zusammengefaßt. Beide Spätwerke müssen noch gesondert betrachtet werden.

Davor greifen wir die Chronologie der letzten Lebensperiode Maria Montessoris wieder auf:[173] Nach dem Weggang aus Spanien im Sommer 1936 lebt Montessori in Amsterdam, zusammen mit Mario und seiner Familie, bis 1939. Es ergeht die Aufforderung an Montessori, nach Indien zu kommen, wo sich eine blühende Montessori-Bewegung entfaltet. 1937 findet der 6. internationale Montessori-Kongreß in Kopenhagen statt. Montessori referiert über Friedenserziehung und schlägt die Bildung eines «Ministeriums der Kindheit» und einer «Partei für Kinder» vor.

Der 7. internationale Montessori-Kongreß findet 1938 in Edinburgh statt. Zugleich hält Montessori dort einen Ausbildungskurs ab. Die Pläne, nach Indien zu gehen, verdichten sich 1939. Gandhi und Tagore unterstützen die indische Montessori-Bewegung, die von der Theosophischen Gesellschaft Indiens getragen wird. Im Oktober 1939 verläßt Maria Montessori die Niederlande in Richtung Indien. Sie will im Sommer 1940

Maria Montessori während einer Vorlesung bei ihrem ersten Ausbildungskurs in Adyar, Indien, 1939. Neben ihr Mario Montessori, der ihren Vortrag übersetzt

Maria Montessori, nach 1950

zurückkehren. An eine Ausweitung des Konflikts zwischen Hitler-Deutschland und Polen zum Zweiten Weltkrieg glaubt sie nicht. In Adyar, dem Zentrum der Theosophischen Gesellschaft Indiens, findet sie für die kommenden Jahre ihren Wohnsitz. Im Juni 1940 tritt Italien in den Zweiten Weltkrieg ein, und England interniert in Indien alle Italiener, für kurze Zeit auch Mario. Die Theosophische Gesellschaft kämpft mit der Methode Montessoris erfolgreich gegen den Analphabetismus. Montessoris Interessen richten sich zunehmend auf die Kleinstkindphase und die Sprachentwicklung – Vorarbeiten zu *The Absorbent Mind* (1949). 1945

findet die erste allindische Montessori-Konferenz in Jaipur statt. Der Plan, nach Europa zurückzukehren, wird zunächst im Juli 1946 verwirklicht. Montessori hält in London einen Ausbildungskurs ab und reist nach Schottland. Sie eröffnet Anfang 1947 ein Montessori-Zentrum in London. Am 4. Januar 1947 findet die Vierzigjahrfeier der Gründung der ersten Casa dei bambini in Amsterdam statt. Montessori geht nach Italien und errichtet die Opera Montessori. Eine Neugründung von Montessori-Schulen in Italien beginnt. Den 1947 ergangenen Ruf auf eine Professur in Berlin lehnt Montessori ab. Pläne einer Montessori-Universität in Ma-

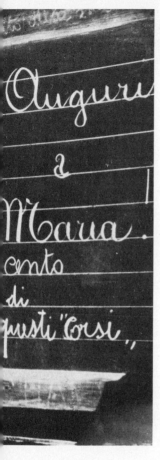

Maria Montessori bei einem Vortrag an der Universität Perugia, 1951

dras lassen Montessori die Rückkehr nach Indien erwägen. Im August 1947 fliegt sie mit Mario nach Adyar und hält dort einen Kurs. Weitere Kurse werden in Ahmedabad und Bombay veranstaltet, 1948 folgen dann Kurse in Adyar und Poona. Maria Montessori reist nach Gwalior, um eine Modellschule einzurichten. Dann besucht sie Colombo (Ceylon) und das dortige Montessori-Ausbildungszentrum mit Montessori-Schule. 1949 hält sie sich zu einem einmonatigen Ausbildungskurs in Pakistan auf. *The Absorbent Mind,* ihr wichtiges großes Spätwerk, erscheint. 1949 kehrt Maria Montessori mit Mario endgültig nach Europa zurück. Sie leitet den

8. internationalen Montessori-Kongreß in San Remo. 1950 reist sie zu Vorträgen nach Norwegen und Schweden. Zu Ehren ihres 80. Geburtstages findet im April in Amsterdam eine internationale Konferenz statt. Im Sommer reist sie in ihre italienische Heimat, nach Perugia, Chiaravalle und Mailand. 1951 findet der 9. internationale Montessori-Kongreß in London statt. Im Sommer hält sie ihren letzten Ausbildungskurs in Innsbruck. Sie stirbt am 6. Mai 1952 in Nordwijk aan Zee und wird auf dem dortigen katholischen Friedhof beigesetzt.

Der absorbierende Geist

Vor unseren Augen formte sich ein neues Bild; nicht das Bild einer Schule oder einer Erziehung. Es war der Mensch, der vor uns erstand. Der Mensch offenbarte seinen wahren Charakter in seiner freien Entwicklung; er bewies seine Größe, als kein geistiger Zwang sein inneres Wirken begrenzte und auf seiner Seele lastete.
 Daher vertrete ich die Meinung, daß jede Erziehungsreform auf der Entwicklung der menschlichen Personalität basieren muß. Der Mensch selbst sollte Mittelpunkt der Erziehung werden. Man muß sich stets vor Augen halten, daß der Mensch sich nicht an der Universität entwickelt, sondern daß seine geistige Entwicklung bei der Geburt beginnt und in den ersten drei Jahren am stärksten ist. Diesen ersten Jahren gebührt mehr als allen anderen die wachsamste Sorge. Hält man sich streng an die Regel, so wird das Kind keine Mühe mehr machen, sondern es wird sich als das größte und trostreichste Wunder der Natur offenbaren. Wir werden somit nicht mehr ein Kind vor uns haben, das als kraftloses Wesen betrachtet wird, so etwas wie ein leeres Gefäß, das mit unserem Wissen vollgestopft werden muß, sondern es zeigt sich vor uns in seiner Würde, indem wir in ihm den Schöpfer unserer Intelligenz erblicken, ein Wesen, das, geleitet von einem inneren Lehrmeister, voll Freude und Glück nach einem festen Programm unermüdlich an dem Aufbau dieses Wunders der Natur, dem Menschen arbeitet.[174]
 Wir sind Aufnehmende; wir füllen uns mit Eindrücken und behalten sie in unserem Gedächtnis, werden aber nie eins mit ihnen, so wie das Wasser vom Glas getrennt bleibt. Das Kind hingegen erfährt eine Veränderung: Die Eindrücke dringen nicht nur in seinen Geist ein, sondern formen ihn. Die Eindrücke inkarnieren sich in ihm. Das Kind schafft gleichsam sein ‹geistiges Fleisch› im Umgang mit den Dingen seiner Umgebung. Wir haben seine Geistesform absorbierenden Geist genannt. Es ist schwierig für uns, die Fähigkeiten des kindlichen Geistes zu begreifen, aber es handelt sich zweifellos um eine privilegierte Geistesform. (1949)[175]
 Unter den Spätwerken Montessoris nimmt *The Absorbent Mind* eine herausragende Bedeutung ein. Während *Formazione dell'uomo* den nicht gänzlich geglückten Versuch einer Lebensbilanz Montessoris dar-

stellt und die Fülle der angedeuteten Problemgebiete im reziproken Verhältnis zum relativ geringen Umfang dieser Schrift steht, stellt *The Absorbent Mind* eine imponierende Leistung der achtzigjährigen Maria Montessori dar. Dies Werk vereint die präzise Analytik der Frühschriften mit dem theoretischen Höhenflug von *Kinder sind anders* (*The Secret of Childhood*), wenngleich auch dieses Werk das Materialproblem nicht differenziert genug diskutiert.

The Absorbent Mind ist im strengen Sinn kein authentischer Text Maria Montessoris. Das gilt bekanntlich für die meisten späteren Werke, eben auch für *Kinder sind anders*. Alle diese Werke sind Nachschriften von Vorträgen, die dann überarbeitet wurden. Die erste Fassung von *The Absorbent Mind* (1949) stellt eine solche Nachschrift dar. 1952 erschien eine erweiterte italienische Fassung, *La mente del bambino,* die den späteren Übersetzungen, auch der deutschen von 1972 (mit dem allerdings ziemlich irreführenden Titel *Das kreative Kind* zugrunde liegt.[176] Man kann aber durchaus die Version von 1952 als authentisch betrachten, denn die Fassung von 1949 wurde von Montessori selbst überarbeitet und erweitert. Insofern kann man doch von einem Text Montessoris sprechen.

Den Vortragscharakter dieses letzten großen Werks kann man an der Kapitelstruktur und der Diktion ablesen. (Dies gilt auch für *Kinder sind anders*.) Während das Frühwerk prägnante Teile mit teilweise extrem unterschiedlichem Umfang enthält und in der Syntax recht komplex abgefaßt ist, zeigt *The Absorbent Mind* (*Das kreative Kind*) typische Symptome einer Vortragsreihe: im Umfang sich einander annähernde Kapitel in relativ großer Anzahl (hier 28) und einen Sprachduktus, der bestimmt wird durch knappe Sätze. Wie beim Frühwerk Montessoris findet man aber auch hier wieder viele Beispiele, die als Belege zur Veranschaulichung der theoretischen Argumentation dienen und aus der Erziehungspraxis stammen.

Prinzipiell bringt *The Absorbent Mind* nichts entscheidend Neues. Das Buch resümiert und vertieft die bereits vorher erarbeiteten und veröffentlichten Zusammenhänge. Noch einmal dargestellt wird das Aufeinanderverwiesensein von Erziehung und Entwicklung – also das Programm der Entwicklungspädagogik, deren soziale und politische Bedeutung wiederum unterstrichen wird. Erziehung zum Demokratieverständnis und Friedenserziehung gehen ineinander über und integrieren so die Forderung nach Behebung sozialer Mißstände aus den Frühschriften. Wir finden – allerdings sehr knapp formuliert – die Geschichte der Casa dei bambini wieder.[177] Das Programm der Sinnesübungen von San Lorenzo fehlt ebenfalls nicht.[178] Und auch die Montessori-Lehrerin – ein zentrales Problem der Frühwerke – wird ausführlich in ihrer Funktion beschrieben.[179] Wiederzufinden sind auch die zentralen Begriffe von *Kinder sind anders* (1936) wie *sensible Perioden, geistiger Embryo* und *Das Kind als Baumei-*

ster des Menschen.[180] Auch die Sprachentwicklung als Beispiel für die Produktivität der *sensiblen Periode* bzw. die Aktivität des *geistigen Embryos* war bereits 1936 Gegenstand einer knappen Analyse.

Die entscheidenden Unterschiede zu *Kinder sind anders* ergeben sich aus der Ausweitung und Vertiefung des Natur-Begriffs. Mit «Ausweitung» ist gemeint, daß Maria Montessori wie im Frühwerk und 1936 nun Kindheit, genauer: die Kleinstkindzeit, als Phase höchster Produktivität beschreibt, diese Entwicklung des einzelnen Menschen nun aber einbettet in die konkrete Gesellschaft und in den alles übergreifenden Kosmos. Insofern handelt das aktive kleine Kind gemäß kosmischen Gesetzen und steht damit im Dienst der Natur, bringt so die Basisbedingungen für Gesellschaft, die *Supra-Natur*, hervor.

Unter «Vertiefung» ist die Konzentration Montessoris auf die Sprachentwicklung zur Kleinstkindzeit (Geburt bis zweieinhalb Jahre) zu verstehen. Dieser Entwicklungsbereich wird Montessori immer wesentlicher und wird in *The Absorbent Mind* am intensivsten analysiert. In diesem Zusammenhang der Entfaltung der Produktivität des *geistigen Embryos* im Sprachfeld entwickelt Montessori auch ihre Begriffe des *absorbierenden Geistes* und der *Nebule*. Daneben steht eine ausführliche Analyse der Bewegungsentwicklung.

The Absorbent Mind beschäftigt sich mit vier Problemfeldern, die kunstvoll ineinander verzahnt sind: die Kennzeichnung des *geistigen Embryos* oder *absorbierenden Geistes* als Metaphern für die umweltintegrierende Produktivität des Kindes, insbesondere des Kleinstkindes; die Beschreibung der kindlichen Sprach- und Bewegungsentwicklung als imponierendes Beispiel der Sensibilität des *absorbierenden Geistes*, der sich in der produktiven, das sprachliche Umfeld integrierenden, dieses *aufsaugenden* Aktivität selbst konstituiert und ausbaut; der Rückgriff auf die pädagogische Bedeutung der Entwicklungskonzeption der Casa dei bambini (Bewegungskoordination, Sinnesschulung, Ordnungssinn, Schreib-, Lese- und Rechenvorübungen, Sinnesmaterial und Materialkontrolle, Funktion der Betreuungsperson); schließlich die Einbettung dieser drei Zusammenhänge in das Spannungsfeld von Kind, Erziehung und Gesellschaft. Dabei wird der Genese der Bewegung als Koordination von Intelligenz, Sinn und Hand bzw. Motorik besondere Beachtung geschenkt und diese präzise in ihrer Entwicklung von der Geburt bis zum Alter von zweieinhalb Jahren dargestellt[181] und so ein zentrales Problem der Frühwerke wiederaufgegriffen.

Das einleitende Zitat hat bereits versucht, die Funktionalität und Produktivität des *absorbierenden Geistes* zu bestimmen. In *The Absorbent Mind* stellt Montessori nochmals und deutlicher als in *Kinder sind anders* heraus, daß die kindliche «Natur» unbewußt menschliche Geisteskraft hervorbringt, selbst konstituiert: *Das Kind verfügt über andere Kräfte, und die Schöpfung, die es vollbringt, ist keine Kleinigkeit: die Schöpfung des Ganzen. Es schafft nicht nur die Sprache, sondern formt auch die Organe, die es ihm ermöglichen, zu sprechen. Jede körperliche Bewegung, jedes Element unserer Intelligenz, alles, womit das menschliche Individuum ausgestattet ist, wird vom Kind geschaffen.*[182] Man muß aber beachten, daß deutlicher als die Metaphern des *Kompasses* und des *Scheinwerfers* für die *sensiblen Perioden* der *absorbierende, das Umfeld aufsaugende Geist, der selbst wächst, indem er sich dem Umfeld integriert,* das schöpferische Kräftepotential des Kindes veranschaulicht.

Montessori vergleicht die *schöpferische Energie,* die das Kind veranlasse, sich die Umwelt zu absorbieren, mit einem Sternnebel: *Bei den Sternnebeln ist die Materie so weit gestreut, daß sie keine abgrenzbare Form annimmt, aber doch so etwas bildet, das auf große Distanz wie ein Himmelskörper wirkt. Wir können uns also ein Erwachen der ‹Nebula› vorstellen, genauso, wie wir uns ein Erwachen der erblichen Instinkte vorstellen können. Zum Beispiel empfängt das Kind von der ‹Nebula› der Sprache die Anregung und die Anleitung, um die Muttersprache in sich selbst zu schaffen, die in seiner Umgebung gesprochen wird und die es nach bestimmten Gesetzen absorbiert. Durch die Energien der Sprach-‹Nebula› ist das Kind in der Lage, die gesprochene Sprache von den anderen Lauten und Geräuschen, die aus seiner Umgebung zu ihm dringen, zu unterschei-*

Übungen zur Zahlendarstellung mit goldenen Perlen

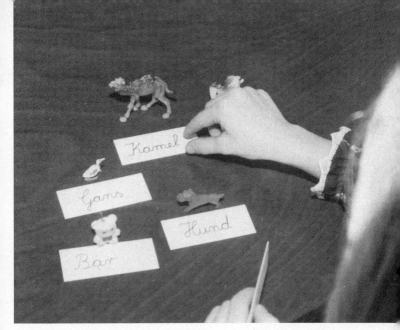

Lesenlernen durch die Zuordnung von konkreten Gegenständen und Wortkarten

den und sich die Sprache als ein Charakteristikum seiner Rasse anzueignen...

Die Sprach-‹Nebula› enthält nicht die besonderen Formen der Sprache, die sich im Kind entwickeln werden, sondern aus der ‹Nebula› kann sich in der gleichen Zeit und durch den gleichen Vorgang bei allen Kindern der Welt jede Sprache aufbauen und entwickeln, die sie bei der Geburt in ihrer Umgebung vorfinden.[183]

Mit *Nebula* meint Montessori also nicht eine bestimmte konkrete Sprachwirklichkeit, sondern ein allgemeines Sprachpotential, das an einer bestimmten Sprachwirklichkeit gewissermaßen «entzündet» wird und sich dann beim einzelnen Kind zu einer bestimmten Sprache gemäß der vorgefundenen Sprachwirklichkeit entfaltet. In gewisser Weise entspricht die *Sprach-Nebula* dem operativen Vermögen Jean Piagets bzw. der generativen Grammatik Noam Chomskys.

Montessori hat in diesem Buch die Sprachentwicklung in zwei Diagrammen schematisch zusammengefaßt. Das erste Schema[184] beschreibt die Entwicklung vom Hören und Sehen, dem Aussprechen der ersten Silbe und des ersten Wortes bis zur «Sprachexplosion», dem Aussprechen von Sätzen im zeitlichen Kontext von der Geburt bis zum Alter von zweieinhalb Jahren: Mit zwei Monaten wendet sich der Säugling der Stimme

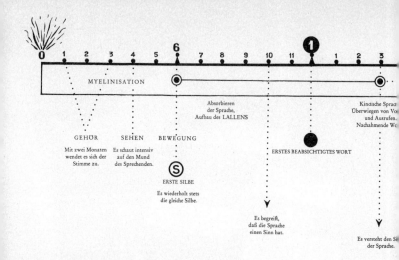

Schematische Darstellung der Entwicklung des Sprechens

zu (Hören), mit vier Monaten schaut er auf den Mund des Sprechenden (Sehen). Mit sechs Monaten wiederholt das Kleinstkind häufig die gleiche Silbe. In den folgenden drei Monaten wird intensiv Sprache absorbiert: das Lallen. Mit zehn Monaten begreift das Kind, daß die Sprache Bedeutung besitzt. Mit einem Jahr wird bewußt das erste Wort ausgesprochen. Mit 15 Monaten versteht das Kind den Sinn von Worten und besitzt bereits eine eigene Sprache. Dabei überwiegen Vokale und Ausrufe. Mit anderthalb Jahren verwendet das Kind Substantive. In den nächsten drei Monaten werden Sätze ohne grammatikalische Struktur durch Gebrauch von Worten mit diffuser Bedeutung gebildet. Mit 21 Monaten kann das Kind Sätze aus einigen Worten bilden. Die folgenden sechs Monate bezeichnet Montessori als *explosive Periode* der *Explosion der Worte* (plötzliches quantitatives Anwachsen der Worte: Hunderte von Substantiven, Adjektiven und Präpositionen), deren Vervollständigung (Konjuktionen, Konjugation, Adverbien, Vor- und Nachsilben) und der *Explosion der Sätze* (Aufbau der Syntax, der koordinierten und subordinierten Sätze mit Gebrauch des Konjunktivs). Ergebnis ist die vollständige Verfügung über eine bestimmte Sprache mit ungefähr zweieinhalb Jahren: Gedanken lassen sich in Worten ausdrücken. Damit steht Sprache als Medium des Denkens und der Kommunikation dem Kind zur Verfügung. Dies wäre nun gewiß nichts Neues, sondern würde die Ergebnisse der Entwicklungspsychologie und der genetischen Sprachforschung wiederholen. Das

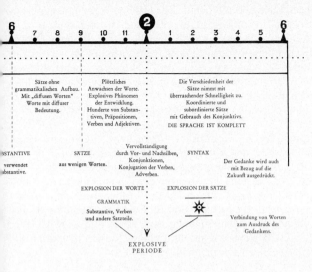

zweite Diagramm hingegen arbeitet mit dem Begriff der *Nebula*.[185] Es will die Entwicklung der *Nebula* zu einer ausgegliederten Sprachwirklichkeit, also bis zur syntaktischen Konstruktion, veranschaulichen. So zeigt es, wie aus einer völlig unbestimmten Nebula nach der Geburt sich mit zwei bis drei Monaten *bestimmte Nebule* bilden. Bis zum 6. Monat bildet sich in den *Nebulen* ein Zentrum: der Laut (Vokale). Die Laute kommen von außen, gewissermaßen «aus einem Mund, der sich bewegt», und werden in die *Nebule* integriert bzw. dort konstruiert. Die Phase vom sechsten bis zwölften Monat besteht darin, die *Nebule* auf eine bestimmte Wortgestalt hin an Hand der Orientierung an der äußeren Sprachwirklichkeit zu präzisieren. Ihre Sprachgestaltkerne sind zunächst noch unpräzise: Im Lallen wird der unbewußte Versuch unternommen, Worte aufzubauen (sechster bis neunter Monat). Mit zehn Monaten wird die Bedeutung der gehörten Laute erkannt und diese in den *Nebulen* ausgeprägt. Mit einem Jahr wird bewußt das erste Wort ausgesprochen. Die *Nebule* enthalten nun als Zentrum Substantive. Dann beginnen sich die *Nebule* bis zum 18. Monat auszudifferenzieren. Mit dem 18. Monat wird erkannt, daß jedes Ding einen Namen hat. Es entstehen zweisilbige Worte mit diffuser Bedeutung. Mit dem 21. Monat – das Kind verwendet nun Sätze mit diffuser Bedeutung – beginnen sich die *Nebule* aufzulösen. Nun beginnt die Sprachexplosion: zunächst die der Worte, dann die der Syntax. Das bedeutet, daß es keinerlei Sprachpotentiale mit einem wirklichkeitsnahen Sprachgestaltkern und einer diffusen Peripherie gibt, sondern daß alle *Nebule* in Sprachgestalten verwandelt worden sind.

Die Struktur dieses Prozesses besteht also darin, daß der immer präziser werdenden kindlichen Wahrnehmung der Sprachumwelt der Aufbau immer präziserer Sprachgestalten in den *Nebulen* entspricht. Wieweit dieser Versuch der theoretischen Begründung der Sprachentwicklung wissenschaftlich tragfähig ist, ist hier nicht zu beurteilen. Jedenfalls manifestiert er in eindrucksvoller Weise Montessoris Auffassung des *absorbierenden Geistes*.

Das Diagramm zur *Entwicklung der Bewegung*[186] zeigt, wie Maria Montessori die parallel und koordinativ beschriebene Entwicklung von motorischer Bewegung, Gehirntätigkeit und Handbeweglichkeit integriert. Es werden dabei auch die Übungen der Casa mit einbezogen und als *Koordination durch Erfahrung* nach dem 18. Monat bezeichnet (*Tisch decken, Übungen mit der Hand*). Ein präziser Rückgriff auf die koordinierenden Funktionen der Materialübungen in San Lorenzo erfolgt aber nicht. Die Analyse bezieht sich auf ein früheres Entwicklungsalter, die Kleinstkindzeit (Geburt bis zweieinhalb Jahre).

Schematische Darstellung der Entwicklung der Bewegung

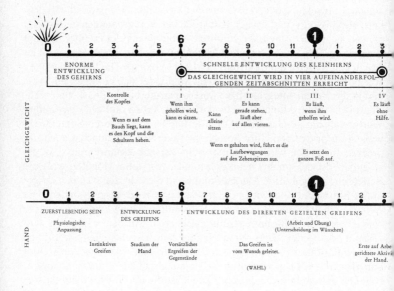

Aber alle diese Analysen von Entwicklungsprozessen im Kleinstkindalter dienen letztlich der Unterstützung der These Maria Montessoris, ihre Entwicklungspädagogik stehe im Dienst der Liebe zum Kind und der kindlichen Liebe zur Wirklichkeit: *Das Kind ist eine Quelle der Liebe. Kommt man mit ihm in Berührung, berührt man die Liebe. Es ist eine schwer zu definierende Liebe.*[187]

Der absorbierende Geist nimmt alles auf, hofft alles; akzeptiert die Armut wie den Reichtum, akzeptiert jeden Glauben, die Vorurteile und Gebräuche seiner Umgebung: Er inkarniert alles. Das ist das Kind![188]

Der absorbierende Geist ist die Basis der vom Menschen geschaffenen Gesellschaft. Er erscheint uns unter der Form des zarten und kleinen Kindes, das die geheimnisvollen Schwierigkeiten des menschlichen Schicksals mit der Kraft der Liebe überbrückt.[189] *– Von allen Dingen ist die Liebe das Wichtigste... Sie ist die größte Kraft, über die der Mensch verfügt. Der bewußte Teil, den wir davon besitzen, wird jedesmal erneuert, wenn ein Kind geboren wird... Das Studium der Liebe und ihrer Anwendung führt uns zur Quelle, aus der sie entspringt: das Kind.*[190]

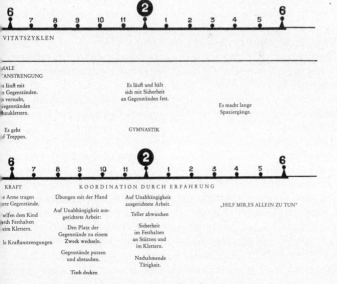

Bildung des Menschen

Jede Entwicklung vollzieht sich in komplexen Evolutionsprozessen. Auch der Mensch, der mit fünf Jahren ein intelligentes Wesen geworden ist, muß also seine aufbauende Entwicklung durchlaufen. Dieses Feld ist jedoch heute noch sozusagen unerforscht. Es gibt in der wissenschaftlichen Kenntnis unserer Zeit eine leere Stelle, ein unerforschtes Gebiet, eine unbekannte Größe: den Prozeß der Bildung der Personalität.[191]

Der Wissenschaftler durchforscht die Geheimnisse der Natur und erwirbt durch ihre Entschleierung tiefe Einsicht, die ihn nicht nur in den Stand setzt, sie zu beurteilen, sondern sie auch zu verändern... Die Wissenschaft regte eine neue Technik an, der wissenschaftliche Mensch gab den Anstoß, eine wirkliche Supra-Natur zu bauen, die phantastisch reicher ist als das, was wir gegenwärtig die ‹wilde› Natur nennen. Falls die Wissenschaft beginnen würde, den Menschen zu studieren, so würde es ihr nicht allein gelingen, neue Techniken für die Erziehung von Kindern und Jugendlichen zu vermitteln, sondern auch beizutragen zu einer tieferen Einsicht in viele Tatsachen und Geschehnisse des menschlichen Zusammenlebens, die jetzt noch in Dunkel gehüllt sind.[192]

Die Probleme der Erziehung müssen aufgrund der Gesetze der kosmischen Ordnung gelöst werden, die da reichen von den ewigen Gesetzen des psychischen Aufbaus des menschlichen Lebens bis zu den wandelbaren Gesetzen, die die Gesellschaft bei ihrer fortschreitenden Entwicklung auf der Erde leiten. – Ehrfurcht vor den kosmischen Gesetzen ist die grundlegende Ehrfurcht.[193]

Die These der schmalen Schrift *Formazione dell'uomo* (1949)[194] verdeutlicht der Titel *Bildung des Menschen*. Gemeint ist damit nicht nur die Bildung des einzelnen Menschen, sondern die Bildung jedes Menschen, die Ausbildung des Wesens des Menschen. Und dieses Wesen bringt das Kind in seiner Kindheit zustande. Der *absorbierende Geist* eignet sich als *geistiger Embryo* zunächst den eigenen Leib an, führt zur Integration mit der erwachenden Intelligenz, so daß *Fleisch* und *Geist* sich vereinen. Dieser *geistige Embryo* – bestimmt durch die Vitalkraft (*Horme*)[195] und das Vitalgedächtnis (*Mneme*) – treibt dann über sich hinaus und ergreift die Umgebung, um sie sich strukturell einzuverleiben.

Aber ohne die Basisproduktivität der Kindheit vollzieht sich keine Weiterentwicklung der geistigen Fähigkeiten im späteren Alter.

Diese Bildung des Menschen gemäß dem Entwicklungsgesetz der *Horme* und *Mneme*, die *sensible Perioden* hervortreiben, um die «Natur» des Kindes mit der *Supra-Natur* (Kultur) menschlicher Gesellschaft zu vereinen und die Kultur weiterzuführen – diese Bildung stellt ein Gesetz dar, ist Ausdruck der Schöpfung. Wie alle Dinge und Lebewesen unterliegt auch der Mensch den Gesetzen des Kosmos. Diesen Kosmos definiert Montessori als *Schöpfung*. Hier wird ihre theologisch-christliche Orientierung, das Axiom ihrer Entwicklungspädagogik sichtbar. Dieses Axiom ist im Frühwerk kaum erkennbar. Dort wird meist nur von der Produktivität des Kindes gesprochen, die es zu beachten und durch *Normalisation* der äußeren Bedingungen über Sinne und Bewegungsabläufe zu unterstützen und zu stärken gilt.

Diese kindliche Produktivität bezeichnet Montessori hier als *Personalität*. Insofern bedeutet *Normalisation* die Wiederherstellung der *Personalität*, die nichtbehinderte *Fleischwerdung* des *geistigen Embryos*. Alle diese Bilder erinnern an die neutestamentliche Heilsbotschaft der Menschwerdung und Auferstehung Christi, die Blockierung der *sensiblen Perioden* an Sündenfall bzw. Kreuzigung Jesu.

In einem Vortrag von 1935 zur Stellung des Menschen in der Schöpfung sagt Maria Montessori: *Das Geheimnis der Erziehung ist, das Göttliche im Menschen zu erkennen und zu beobachten; d. h. das Göttliche im Menschen zu kennen, zu lieben und ihm zu dienen; zu helfen und mitzuarbeiten von der Position des Geschöpfes und nicht der des Schöpfers. Wir haben das göttliche Wirken zu fördern, aber nicht uns an seine Stelle zu setzen, da wir sonst zu Verführern der Natur werden.*

Es sind zwei Dinge zu tun: Erstens eine Kenntnis von Gott und allen Dingen der Religion zu geben. Zweitens die verborgenen Kräfte des Kindes zu erkennen, zu bewundern und ihnen zu dienen und demütig zur Seite zu treten, mit der Intention der Mitarbeit, so daß die Personalität des Kindes mit seiner inneren Gegenwart immer vor uns steht.[196]

Maria Montessori geht also von der göttlichen Fundiertheit des Kosmos aus. Die ganze Natur ist Schöpfung Gottes und durch die Gesetze Gottes bestimmt. Das Gesetz des Menschen besteht darin, sich selbst zu entwickeln. Montessori ist optimistisch gemäß der christlichen Hoffnungsperspektive – die sie allerdings in säkularisierter Form nicht als Glaube versteht, sondern als Wissenschaft definiert –, daß die Menschheit sich auf dem Weg des Fortschritts befinde und daß der weitere Ausbau der *Supra-Natur* durch eine Verbesserung der Erziehungsverhältnisse beschleunigt werde. Damit werde den Verzögerungstendenzen, den Erziehungsbarrieren, die eine produktive Personalisation des Kindes behindern, entgegengewirkt.

Damit aber ist klargeworden: Montessoris Spätwerk kreist vor allem

Maria Montessori
in ihren letzten Jahren

um den Schwerpunkt der Personalität des Kindes. Nicht mehr die Methode steht im Vordergrund, sondern die Menschwerdung des Kindes – eine klare Akzentverlagerung vom Mittel der Erziehung zur Zielbestimmung der Pädagogik.

Dies ist auch die grundlegende und zentrale Aussage der Schrift *Formazione dell'uomo* (*Über die Bildung des Menschen*). Wir finden Wohlvertrautes wieder: Die Beschreibung des Kindes in seiner geistigen Potenz und in der Produktivität sensibler Phasen.[197] Hier taucht der Begriff *Mneme*[198] als Ausdruck für das kollektive Vitalgedächtnis unbewußter Art für bestimmte geistige Kräfte auf. Es stimmt mit der *Horme* (Vital-

kraft) bzw. dem *Nebula*-Begriff überein, wenngleich die *Nebula* mehr den Produktionsprozeß selbst zu beschreiben versucht. Wir finden hier die Betonung von Disziplin und Ordnung[199] als Grundkategorien der *Normalisation* wieder: Das normalisierte Kind besitzt Selbstdisziplin und Ordnungssinn und vermag so die weitere eigene geistige Entwicklung aktiv, konstruktiv und konzentriert zu gestalten und weiterzuführen. Wiederaufgenommen wird auch die Analyse der Entwicklungshemmungen und Entwicklungsverzögerungen, die in der Gesellschaft begründet sind.[200] Diese negative Einwirkung auf die natürliche Entwicklung des Kindes bezeichnet Montessori in dieser Schrift mit der Formel *OMBIUS* (zusammengesetzt aus: *Organizzazione, Male, Bene, Imosto, Umanità, Suggestione*, das heißt *Organisation des Übels, das den Schein des Guten annimmt und durch die Umgebung der ganzen Menschheit mit Hilfe der Suggestion auferlegt wird*).[201] Aber diese gesellschaftliche Prägung des Kindes steht quer zur Selbstkraft des Kindes, es selbst sein zu wollen.

Formazione dell'uomo gelangt über einen Umriß der *Normalisation* nicht hinaus, obwohl eine genauere Darstellung der *Normalisation* sich hier in Kontrast zur Analyse von *OMBIUS*, die ebenfalls vage bleibt, angeboten hätte. Überzeugend bei dieser Schrift ist aber neben ihrer eindeutig theologischen Grundstruktur (*OMBIUS* wird der Erbsünde gleichgesetzt)[202] die Integration von *kosmischer*, gesellschaftlicher und individueller Dimension in der Entwicklungspädagogik Montessoris. Die Entwicklungspädagogik muß der «Natur», dem *geistigen Embryo* im Kind entsprechen: Das leistet die *Methode*, das *Material*, die *vorbereitete Umgebung*. Sie muß auf die gesellschaftlichen Probleme reagieren: durch Kritik und durch *Normalisation* vorhandener Störungen beim Kind. Sie muß die kosmische Dimension beachten: indem sie nicht vom Material, von der Peripherie des Kindes her denkt, sondern vom Zentrum aus, dem *Geist*.

Die Schrift führt zwei bemerkenswerte Zusammenhänge aus, auf die hinzuweisen lohnt. Maria Montessori bringt einige Beispiele zur Interessen-*Explosion* im schulischen Unterricht: *Ich erinnere mich eines Kindes, das die Karte eines Flusses zeichnen wollte; und zwar des Rheins. Es hatte sich zur Aufgabe gestellt, auch alle Nebenflüsse dabei aufzunehmen und mußte also lange in geographischen Abhandlungen studieren, die mit Schulbüchern nichts zu tun hatten. Es wählte für seine Arbeit Millimeterpapier, wie es die Ingenieure für ihre Zeichnungen gebrauchen; und mit Hilfe des Kompasses und verschiedener anderer Instrumente führte es sein Vorhaben mit großer Ausdauer aus. Niemand würde ihm eine solche Arbeit aufgetragen haben...*

Ich erinnere mich weiter an vier oder fünf Kinder, die sich vorgenommen hatten, zusammen die algebraische Multiplikation des ganzen Alphabets mit sich selbst durchzuführen, also ‹das Quadrat des Alphabets› aufzustellen. Diesmal forderte die Bearbeitung, daß zahllose Streifen Papier aneinandergeklebt wurden, die zusammen eine Länge von ungefähr 10 m erreichten. Diese geduldigen Arbeiten ließen den Verstand stärker und agiler werden... Diese psychischen Erscheinungen enthüllen eine Art bildenden Mechanismus; es sind Übungen, die nicht auf äußeren Nutzen oder praktische Anwendung abzielen. Es wäre nicht möglich, sie aufzuerlegen... weil es unmöglich wäre, künstlich ein lebendiges und ununterbrochenes Interesse wachzuhalten, eine anhaltende Aufmerksamkeit für Dinge, die in sich selbst wenig attraktiv und ohne äußeren Nutzen sind... Hier tritt hingegen... eine Art élan vital auf, das ‹Ausbrechen unvorhergesehener und

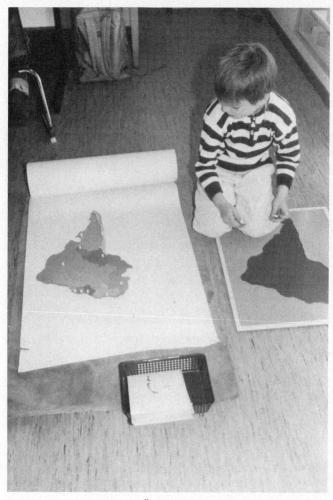

Übung zur Geographie mit Puzzle-Karten

unerwarteter Erscheinungen›. Dennoch wird der ‹Fortschritt› der wirklichen Aneignung der Bildung durch diese inneren Kräfte offensichtlich gefördert... Sie scheinen vielmehr den ‹inneren› Mechanismen zuzugehören, die in ihrer Tätigkeit einen Entwicklungsimpuls an die Persönlichkeit als Ganzes abgeben.[203]

Maria Montessori weist hier auf einen überraschenden Sachverhalt hin: Ein bildender Unterricht bedarf also gewisser Initialzündungen, die

Bruchrechnen mit beweglichen und austauschbaren Segmenten «geometrischer Kreise»

spontan, durch den Schüler, erfolgen, der sich selbst eine teilweise recht schwierige Aufgabe stellt, um sie hartnäckig und konzentriert anzupacken und zu lösen. Im Prozeß der Lösung einer sich selbst gestellten Aufgabe aber geschieht nun gerade die Freisetzung der Kräfte, die *Polarisation der Aufmerksamkeit*, die *Normalisation*. In der Ruhe der forschenden Arbeit gelangt der Schüler zur Sache und zugleich zu sich selbst.

Und so überrascht dann der zweite Zusammenhang, auf den es hinzuweisen gilt, nicht mehr. Zu Beginn dieser Schrift fragt Maria Montessori: Was ist die Montessori-Methode? Ihre Antwort: *Wenn wir nun nicht allein den Namen, sondern auch die allgemein gängige Auffassung von ‹Methode› aufgeben und statt dessen eine andere Formulierung verwenden würden: Wenn wir sprächen von einer ‹Hilfe für die menschliche Person, ihre Unabhängigkeit zu erobern›, von einem ‹Mittel, sie von der Unterdrückung durch alte Vorurteile über die Erziehung zu befreien›, dann würde alles klar sein. Die menschliche Personalität muß in den Blick genommen werden und nicht eine Erziehungsmethode.*[204] Das ist das Ergebnis, das Lebensresultat Montessoris: die *Personalität* – nicht eine *Methode*!

Hinter dem Werk ist Maria Montessori als Person nahezu verschwunden. Nun soll sie abschließend wieder erscheinen, als Person, nicht in den abstrakten Zusammenhängen ihrer «Bewegung» und ihrer Schriften, wenngleich auch diese so unverkennbar durch sie bestimmt und geprägt sind: durch die Art der Argumentation, durch die Anschaulichkeit ihrer Aussagen, die sich in Beispielen zeigen, vor allem aber durch ihre tiefe Liebe zum Kind.

Maria Montessori beginnt ihr pädagogisches Werk als Ärztin und beschließt es als Philosophin. In prophetischen Worten beschwört sie die Möglichkeiten einer Welt, in der durch Erziehung das Kind seine Kräfte freisetzen kann und damit alle seine Impulse an die ganze Menschheit weitergibt, um deren Fortschritt zu unterstützen. In diesen Zukunftsvisionen schwingen Aufklärungsoptimismus und christlicher Glaube an das Gute mit. Neben der Hoffnung steht aber auch das Wissen um das unendliche Leid des Kindes in einer Erwachsenenwelt, die von kindlicher Wirklichkeit kein oder ein falsches Verständnis besitzt.

Maria Montessori tritt in die Geschichte zu einem Zeitpunkt ein, an dem die bürgerliche Gesellschaft des 19. Jahrhunderts beginnt, sich den sozialen Problemen ihrer Zeit zu stellen. Dazu gehören auch die Sorge um eine bessere Erziehung in den Familien und die Verbesserung schulischer Ausbildung. Sie beginnt ihre Arbeit für das Kind als Ärztin, wird dann zur Anthropologin und Heilpädagogin und schließlich zur weltweit bekannten und berühmten Vertreterin einer Erziehungsmethode, die von ihr philosophisch begründet wird. Sie weiß um die Nöte und Leiden der Kinder in aller Welt, um die Flüchtlingsströme, die durch Kriege ausgelöst werden, um seelische Verkrüppelung und Ausbeutung von Kindern durch Kinderarbeit und Prostitution. Aber: Sie glaubt an die Zukunft des Menschen, weil sie an die Zukunft des Kindes zu glauben vermag.

Standing schildert Maria Montessori: «Ihr großer Kopf war wohlgeformt, ihre Stirn mächtig, ihre braunen Augen blickten durchdringend, ihr Mund war sensitiv und ihre ganze Mimik von typisch italienischer Lebhaftigkeit. Sie war alles andere als blaustrümpfig, vielmehr sehr weiblich und darum immer elegant und geschmackvoll gekleidet. Mit ihren überragenden intellektuellen Fähigkeiten verband sie eine bezaubernde Art sich zu geben und eine große Herzensgüte, die besonders bemerkbar wurde, wenn sie mit kleinen Kindern sprach. Dann ging geradezu ein Strahlen von ihr aus. Dies Gewinnende und Liebenswürdige, das für ihr Wesen ebenso charakteristisch war wie die schon erwähnte unbeugsame Willenskraft, machte sie noch anziehender. Für die Schwachen, Unentwickelten und Unterdrückten empfand sie eine mütterliche Zärtlichkeit, und wo immer sie mit solchen zusammenkam, drängte ihr hilfsbereites Herz, zu schützen und zu ermutigen.»[205]

Mario Montessori berichtet über den Tod der Mutter: «An einem Maitage... saß ich mit ihr beim Mittagessen an einem Fenster mit dem Blick

Die Grabstätte Maria Montessoris in Nordwijk
(«Ich bitte die lieben Kinder, die
alles können, mit mir zusammen für den Aufbau
des Friedens zwischen den Menschen und in der Welt zu arbeiten»)

auf Blumen und Meer und erzählte ihr von meiner Bekanntschaft mit einem Beamten aus Ghana, das bald selbständig werden sollte und dringend Schulen benötigte. Er wollte Mutter und mich für die Ausbildung von Lehrern gewinnen. ‹Wenn irgendwelche Kinder Hilfe brauchen, dann diese armen Kinder in den afrikanischen Ländern›, sagte Mutter. ‹Selbstverständlich müssen wir hingehen.› Ich gab ihr die Hitze und die primitiven Lebensbedingungen zu bedenken. Schließlich war sie einundachtzig.

‹So, du willst also nicht, daß ich mitkomme!› schalt sie mich sanft. ‹Vielleicht gehe ich eines Tages hin und lasse dich hier.› Dann ging ich aus dem Zimmer... Als ich zurückkam, war Mutter tot. Aber sie wäre nach Ghana gegangen – oder an jeden anderen Ort der Welt, wo sie von Kindern gebraucht wurde.»[206]

Anmerkungen

Abkürzungen:
- AG = Maria Montessori: Das kreative Kind. Der absorbierende Geist. Hg. von Paul Oswald und Günter Schulz-Benesch. Freiburg i. Br. (Herder) 1972
- B = Winfried Böhm (Hg.): Maria Montessori. Texte und Diskussion. Bad Heilbrunn (Klinkhardt) 1971
- BM = Maria Montessori: Über die Bildung des Menschen. Hg. von Paul Oswald und Günter Schulz-Benesch. Freiburg i. Br. (Herder) 1966
- EK = Maria Montessori: Die Entdeckung des Kindes. Hg. von Paul Oswald und Günter Schulz-Benesch. Freiburg i. Br. (Herder) 1969, 3. Aufl. 1972
- FE = Maria Montessori: Frieden und Erziehung. Hg. von Paul Oswald und Günter Schulz-Benesch. Freiburg i. Br. (Herder) 1973
- GP = Maria Montessori: Grundlagen meiner Pädagogik. (1934). In: Paul Oswald und Günter Schulz-Benesch (Hg.): Grundgedanken der Montessori-Pädagogik. Freiburg i. Br. (Herder) 1967, 9. Aufl. 1989, S. 24–44
- K = Rita Kramer: Maria Montessori. Leben und Werk einer großen Frau. München (Kindler) 1977
- KA = Maria Montessori: Kinder sind anders. Hg. von Helene Helming. Stuttgart (Klett) 9. Aufl. 1971
- KE = Maria Montessori: Spannungsfeld Kind–Gesellschaft–Welt. Auf dem Wege zu einer «kosmischen Erziehung». Hg. von Günter Schulz-Benesch. Freiburg i. Br. (Herder) 1979
- KF = Maria Montessori: Das Kind in der Familie und andere Vorträge. Hg. von der Deutschen Montessori-Gesellschaft. Stuttgart (Klett) 1954
- KJ = Maria Montessori: Von der Kindheit zur Jugend. Freiburg i. Br. (Herder) 1966
- KK = Maria Montessori: Kinder, die in der Kirche leben. Hg. von Helene Helming. Freiburg i. Br. (Herder) 1964
- MH = Maria Montessori: Mein Handbuch. Grundsätze und Anwendung meiner neuen Methode der Selbsterziehung der Kinder. Stuttgart (Hoffmann) 1922
- PA = Maria Montessori: Pedagogical Anthropology. New York (Stokes) 1913
- S = Edward M. Standing: Maria Montessori. Leben und Werk. Stuttgart (Klett) 1959
- SK = Maria Montessori: Schule des Kindes. Montessori-Erziehung in der Grundschule. Hg. von Paul Oswald und Günter Schulz-Benesch. Freiburg i. Br. (Herder) 1976, 2. Aufl. 1987

1 KA, 301–303
2 MH, 77f
3 MH, 117
4 B, 148–158, bes. 150 u. 154; dazu K, 354 Anm. 1 (Kap. 1) u. G. Schulz-Benesch: Der Streit um

Montessori. Freiburg i. Br. ²1962, 105 ff
5 K, 20. Nach Standing entstammt Alessandro einer «vornehmen Bologneser Familie» (S. 17)
6 K, 21
7 Vgl. A. Maccheroni: A True Romance. Edinburgh 1947, ferner S.
8 K, 22 u. 354 Anm. 3 (Kap. 1)
9 S, 18f
10 Nach K, 26 vgl. S, 24
11 K, 23
12 K, 26
13 Vgl. W. Böhm: Maria Montessori. Bad Heilbrunn 1969. Bibl. 219–247 (Primärlit.), s. auch G. Schulz-Benesch: Der Streit..., 167–182. Böhm nennt 805, Schulz-Benesch 207 Titel. Beide Bibl. geben keine Hinweise auf die Nachlaßbestände. So verfährt auch der Forschungsbericht von G. Schulz-Benesch: Montessori. Darmstadt 1980
14 K, 344
15 S, 19
16 S, 17
17 K, 26
18 Kramer stellt dies nicht ausdrücklich fest, aber ihre Aussage K, 29 u. 19 legen eine solche Interpretation nahe
19 S, 20
20 K, 30ff
21 K, 30
22 K, 31
23 K, 32
24 S, 23
25 A. Maccheroni: A True Romance, 12
26 K, 40ff
27 K, 48
28 S, 22f
29 S, 20
30 K, 33f
31 S, 21
32 S, 22
33 K, 40
34 S, 24f
35 S, 24
36 K, 47
37 K, 48
38 SK, 28
39 Vgl. W. Böhm: M. Montessori, 173 ff
40 Diese Aussage bezieht sich auf veröffentlichtes Quellenmaterial zur Biographie M. Montesssoris
41 K, 41
42 K, 42
43 K, 297
44 Vgl. G. Schulz-Benesch: Montessori, 20
45 K, 91f
46 K, 93
47 K, 289
48 K, 50–101
49 K, 101, Originaltitel s. 357, Kap. 5, Anm. 34
50 EK, 27–29
51 EK, 28
52 Vgl. S. Krenberger (Hg.): Itards Berichte über den Wilden von Aveyron. Wien 1913
53 Vgl. S. Krenberger (Hg.): Edward Seguin: Die Idiotie und ihre Behandlung nach physiologischer Methode. Wien 1912
54 S, 26f
55 EK, 31
56 K, 59
57 MH, 29, vgl. W. Böhm: Maria Montessori, 69 ff
58 MH, 39 ff
59 S. Krenberger (Hg.): Itards Berichte..., 46
60 S. Krenberger (Hg.): Edward Seguin..., 106–110
61 Ebd., 88 f
62 EK, 32f
63 S, 28
64 SK, 69f
65 SK, 69f
66 MH, 29
67 KF, 57f
68 KA, 165
69 SK, 70f
70 EK, 39–43
71 EK, 40–42 u. AG, 151
72 EK, 40f
73 Lutherübersetzung
74 K, 110
75 K, 111
76 MH, 8ff

77 KA, 176f
78 K, 112
79 EK, 3
80 EK, 7
81 EK, 11
82 EK, 12
83 EK, 25
84 KA, 193
85 Vgl. MH, 14
86 K, 96f
87 EK, 48ff
88 SK, 226 u. MH, 82ff
89 MH, 94
90 EK, 246f, vgl. KA, 184f
91 MH, 3f
92 MH, 18
93 MH, 15ff
94 SK, 135ff u. 41ff
95 K, 134
96 K, 144
97 SK, 208f, vgl. S 59
98 KF, 39
99 KF, 27
100 S, 54
101 S, 59
102 K, 214ff, 228 u. 262f
103 K, 336
104 EK, VII
105 Nach Kramer (K, 305) fanden bis 1933 19 internationale Kurse statt
106 S, 71f
107 Im wesentlichen nach Kramer (K, 142ff)
108 K, 161
109 Nach K, 170
110 K, 179ff
111 K, 180
112 Mario Montessori: Meine Mutter Maria Montessori. In: Das Beste aus Reader's Digest 10 (1965), 96
113 K, 216
114 K, 242
115 Vgl. KK
116 KA, 16–18
117 Vgl. FE
118 KF, 58f, 51, 68, 76
119 KF, 30
120 KF, 36
121 KF, 39
122 KF, 39
123 KF, 58
124 KK, 237f. Zu den liturgischen Schriften zusammenfassend G. Schulz Benesch: Der Streit..., 119f, bes. 153ff. Die liturgische Arbeit relativiert Montessori 1948 deutlich als spezifisch katholisch, aber nicht identisch mit ihrer überkonfessionellen Auffassung religiöser Erziehung (EK, 330)
125 KK, 163
126 KK, 207f
127 KK, 19
128 KK, 28
129 K, 290
130 SK, 238
131 SK, 239f
132 Vgl. H. Heiland: Zur Fröbel-Montessori-Diskussion. In: H. Heiland: Die Pädagogik Friedrich Fröbels. Hildesheim 1989, 27–44
133 Vgl. H. Heiland: Literatur und Trends in der Fröbel-Forschung (Bibl.). Weinheim 1972, 186ff (Bibl. Nr. 224, 227, 229, 231, 232)
134 EK, 217
135 EK, 133
136 EK, 306
137 EK, 184
138 MH, 58
139 SK, 239ff, 246, vgl. 94
140 KA, 216f
141 BM, 19, vgl. 14 u. 36
142 Vgl. H. Heiland: Friedrich Fröbel. Reinbek 1982
143 Vgl. Anm. 132 u. H. J. Schmutzler: Spiel, Arbeit und Phantasie bei Fröbel und Montessori. Münster 1975, Diss.
144 KE, 58ff
145 MH, 55f, vgl. 69f
146 KA, 269
147 KA, 270f
148 Vgl. B, 44, 49f (sensible Periode), 34 (Normalisation), vgl. auch H. Holtstiege: Modell Montessori. Freiburg i. Br. ^{4}1986, 68ff
149 KA, 158ff
150 KA, 165–167
151 KA, 60ff
152 KA, 68f, 74f, 77ff, vgl. AM
153 KA, 64
154 KA, 63

155 KA, 64
156 KA, 64
157 KA, 65
158 KA, 90
159 KA, 69
160 KA, 73
161 KA, 55f
162 Kramer (K, 242) zit. Bruner und schließt sich dessen Urteil an
163 KA, 33f
164 KA, 303
165 S, 74f
166 Vgl. FE, insbes. 32ff u. 73ff
167 FE, 40ff
168 Vgl. I. Fähmel: Zur Struktur schulischen Unterrichts nach Maria Montessori. Frankfurt a. M. 1981, insbes. 17–54 u. H. Holtstiege: Modell Montessori, 93ff
169 KJ, vgl. KE, 76ff
170 KA, 133f
171 Vgl. KE, insbes. 119–124 u. 132–142
172 Vgl. AG u. BM, s. auch FE u. KE
173 K, 312ff
174 AG, 6
175 AG, 23
176 AG, VII
177 AG, 151
178 AG, 162ff
179 AG, 237ff
180 AG, 20ff, 55ff, 13ff
181 AG, 134ff
182 AG, 21
183 AG, 73
184 AG, Faltblatt 2, gegenüber 102
185 AG, Faltblatt 3, gegenüber 118
186 AG, Faltblatt 4, gegenüber 134
187 AG, 260
188 AG, 263
189 AG, 264
190 AG, 266f
191 BM, 18
192 BM, 19f
193 BM, 22
194 Vgl. die Interpretation dieser Schrift bei P. Oswald: Die Anthropologie Maria Montessoris. Münster 1970, 38ff
195 Vgl. H. Holtstiege: Modell Montessori, 19–21
196 KE, 124
197 BM, 74ff
z198 BM, 41f
199 BM, 42ff
200 BM, 22ff, 31ff, 46
201 BM, 70
202 BM, 70f
203 BM, 58ff
204 BM, 16
205 S, 81
206 Mario Montessori: Meine Mutter Maria Montessori, 112

Zeittafel

1870	31. August: Geburt Maria Montessoris als einziges Kind des Finanzbeamten Alessandro Montessori und seiner Frau Renilde, geb. Stoppani, in Chiaravalle bei Ancona/Italien
1873	Umzug nach Florenz
1875	Umzug nach Rom
1876–1883	Besuch der sechsjährigen Grundschule
1883–1890	Besuch der naturwissenschaftlich-technischen Sekundarschule
1890–1892	Studium der Naturwissenschaften an der Universität Rom
1892–1896	Studium der Medizin an der Universität Rom
10. Juli 1896	Promotion. Erste Ärztin Italiens
Sept. 1896	Vorträge auf dem Internationalen Frauenkongreß in Berlin
Nov. 1896	Assistenzärztin in der Chirurgie
ab 1897	Tätigkeit an der Psychiatrischen Klinik der Universität Rom; Studium der medizinisch-heilpädagogischen Schriften Itards und Séguins
31. 3. 1898	Geburt des Sohnes Mario
1897–1899	Vorträge über Frauenemanzipation und Sozialreform auf Kongressen in Turin, Rom und London
Herbst 1899	Dozentur am Ausbildungsinstitut für Lehrerinnen in Rom. Lehrgebiet: Hygiene und Anthropologie
1900	Die Nationale Liga zur Erziehung behinderter Kinder eröffnet in Rom ein medizinisch-pädagogisches Institut (mit Modellschule) zur Ausbildung von Lehrern für Behinderte unter Leitung von Maria Montessori. Entwicklung einer spezifischen Methode zur Erziehung und Unterrichtung geistig behinderter Kinder
1902	Beginn des Studiums der Pädagogik, Experimentalpsychologie und Anthropologie. Verzicht auf Institutsleitung
1904–1908	Vorlesungen über Anthropologie und Biologie am Pädagogischen Institut der Universität Rom und Lehrtätigkeit am Ausbildungsinstitut für Lehrerinnen (bis 1906). Zahlreiche medizinische Veröffentlichungen
6. Januar 1907	Eröffnung der ersten Casa dei bambini (Kinderhaus) im römischen Stadtteil San Lorenzo
Sommer 1909	Erster Ausbildungskurs in Città di Castello *Il metodo della pedagogica scientifica*
1910	Internationaler Erfolg von *Il metodo* *Antropologia pedagogica*

1911	Montessori-Methode in italienischen und Schweizer Volksschulen eingeführt, in englischen und argentinischen Schulen praktiziert, Modellschulen in Paris, New York und Boston. Gründung von nationalen Montessori-Gesellschaften Montessori gibt Arztpraxis auf, auch Dozentur (diese noch bis 1916 wahrgenommen), und widmet sich ausschließlich der internationalen Verbreitung ihrer Methode
1912	Überwältigender Erfolg von *Il metodo* in den USA. Erster internationaler Ausbildungskurs in Rom Tod der Mutter Renilde
1913	Erste Reise in die USA, Vortragserfolge
1914	*Dr. Montessoris own Handbook*
1915	Zweite USA-Reise Tod des Vaters Alessandro
1916	Übersiedlung nach Barcelona. Wohnsitz bis 1936 *L'autoeducazione nelle Scuole Elementari*
1917	Vorträge in den Niederlanden, Gründung der niederländischen Montessori-Gesellschaft, dritte USA-Reise
1919–1922	Englandreise und Vorträge in Amsterdam, Paris, Mailand und Rom sowie in Neapel und Berlin
1922	*I bambini viventi nella Chiesa*
1923	*Das Kind in der Familie*
1924	Einführung der Montessori-Methode in den italienischen Schulen nach einer Begegnung Montessoris mit Mussolini. Opera Montessori (italienische Montessori-Gesellschaft) von faschistischer Regierung unterstützt, diese Unterstützung 1927 verstärkt
1926	Südamerikareise
1929	Gründung der Association Montessori Internationale (AMI) mit Sitz in Berlin bis 1935, dann Amsterdam 1. internationaler Montessori-Kongreß im dänischen Helsingør
1931	*La Vita in Cristo*
1932	2. internationaler Montessori-Kongreß in Nizza *The Mass Explained to Children*
1933	3. internationaler Montessori-Kongreß in Amsterdam Der Nationalsozialismus zerstört die deutsche Montessori-Bewegung
1934	4. internationaler Montessori-Kongreß in Rom Nach Konflikt mit dem italienischen Faschismus Schließung der Montessori-Schulen. Anwendung der Methode auf mathematische Bereiche *Psico Aritmetica* und *Psico Geometrica*
1936	Bürgerkrieg in Spanien. Montessori verläßt Barcelona. Neuer Wohnsitz: Amsterdam 5. internationaler Montessori-Kongreß in Oxford *The Secret of Childhood*
1937	6. internationaler Montessori-Kongreß in Kopenhagen, zugleich Friedenskonferenz
1938	7. internationaler Montessori-Kongreß in Edinburgh

1939	Montessori verläßt Europa und lebt bis 1946 in Adyar (Indien). Aufschwung der indischen Montessori-Bewegung
1945	Allindische Montessori-Konferenz in Jaipur
1946	Rückkehr nach Europa
1947	Neugründung der Opera Montessori in Italien. Feier des 40. Jahrestages der Gründung der ersten Casa dei bambini (Januar 1947), Pläne für Aufbau einer Montessori-Universität in Madras und Reise nach Indien (Herbst 1947)
1948	Reise nach Ceylon
1949	*The Absorbent Mind* und andere Schriften. Ausbildungskurs in Pakistan. Endgültige Rückkehr nach Europa 8. internationaler Montessori-Kongreß in San Remo
1950	Vortragsreise nach Norwegen und Schweden. Feier des 80. Geburtstags auf einer internationalen Konferenz in Amsterdam. Reise nach Italien
1951	9. internationaler Montessori-Kongreß in London. Reise nach Tirol, letzter Ausbildungskurs in Innsbruck
1952	6. Mai: Tod in Nordwijk aan Zee/Niederlande

Zeugnisse

William Heard Kilpatrick
Der so enge und begrenzte Rahmen der didaktischen Materialien kann das normale Kind nicht lange befriedigen... Die Phantasie, ob sie sich im konstruktiven Spiel betätigt oder mehr ästhetischer Art ist, wird nur wenig eingesetzt... Maria Montessori gehört im Grunde in die Mitte des 19. Jahrhunderts.
>The Montessori System Examined (1914)

Eduard Spranger
Maria Montessori geht von den Voraussetzungen einer älteren psychologischen Richtung aus... Ihre Denkweise ist von den intellektualistisch-analytischen Voraussetzungen des Positivismus bestimmt... Sie will den Menschen frei machen zum Gebrauch seines Intellektes, und den Intellekt frei machen zur Verbesserung der Gesellschaft.
>Einleitung zu: Hecker/Muchow:
>Friedrich Fröbel und Maria Montessori (1927)

Sergius Hessen
Leider ist es M. Montessori nie gelungen, diese Idee [des Zwangs der Dinge] in ihrer philosophischen Tiefe zu erfassen. Ihre positivistisch-naturalistische Einstellung hat sie gehindert, eine organische Synthese von Freiheit und Zwang zu erwirken... Einerseits denkt Montessori die Freiheit als etwas Gegebenes und Fertiges, das am Anfang der Erziehung steht, andererseits nimmt der ‹Zwang der Situation›, dem sie das Kind unterwirft, bei ihr allzuoft den Charakter eines mechanischen Drills an.
>Die Methode der Maria Montessori
>und ihr Schicksal (1936)

Otto Friedrich Bollnow
Denn die auch heute noch verbreitete Anschauung sieht Maria Montessori völlig einseitig in der Perspektive des Positivismus. Diese Auffassung muß aber eben darum den Zugang zu ihren entscheidenden Gedanken verfehlen. Dieser eröffnet sich vielmehr nur im Umkreis bestimmter

christlicher Vorstellungen... Die Leistung des Erziehers ist die Erweckung, d. h. der Anstoß zu der Bewegung, die sich dann von innen her im Kinde selbst vollzieht.

Existenzphilosophie und Pädagogik (1959)

Edward M. Standing
Vor vielen Jahren hat in der ‹Times› ein Reporter Maria Montessori ‹die interessanteste Frau Europas› genannt, und aller Voraussicht nach wird die Geschichte dieses Urteil bestätigen. Sie war eine von jenen Persönlichkeiten, die Menschen zur Nachfolge zu begeistern vermögen – eine bedeutende Gabe, die freilich auch ihre Gefahren hat.

Maria Montessori. Leben und Werk (1959)

Mario Montessori
Wenn ich zurückblicke, erscheint es mir fast unglaublich, wieviel sie geleistet hat – anfangs als Anthropologin und erste Ärztin Italiens, dann als geniale Pädagogin und Begründerin der weltumfassenden Bewegung für vorschulische Erziehung, die ihren Namen trägt.

Meine Mutter Maria Montessori (1965)

Rita Kramer
Maria Montessori ist viel komplizierter und interessanter als die Gipsheilige, zu der ihre ergebenen Anhänger sie gemacht haben. Unter all der fast mystischen Verehrung, der Heiligenlegende, die als Biographie ausgegeben wurde, steckt eine zähe, intelligente Frau, die zumindest in ihrer Jugend Dinge dachte und tat, die niemand vorher in den Sinn gekommen waren.

Maria Montessori. Leben und Werk einer großen Frau (1977)

Bibliographie (Auswahl)

Sammel- und Briefausgaben sowie Editionen von Briefen liegen nicht vor. Da Böhm (1969) eine umfassende Montessori-Bibliographie vorgelegt hat, wird hier lediglich die seit 1969 erschienene Sekundärliteratur zusammengestellt.

1. Bibliographien

SCHULZ-BENESCH, GÜNTER: Der Streit um Montessori. Freiburg i. Br. (Herder) 1961, S. 167–195

BÖHM, WINFRIED: Maria Montessori. Bad Heilbrunn (Klinkhardt) 1969, S. 215–359

2. Werke (Einzelausgaben)

Il metodo della pedagogia scientifica applicato all'educazione infantile nelle case dei bambini. Città di Castello (Lapi) 1909
- Selbsttätige Erziehung im frühen Kindesalter. Übers. von O. KNAPP. Stuttgart (Hoffmann) 1913, 2. Aufl. 1928
- The Discovery of the Child. Madras (Kalakshetra) 1948
- La scoperta del bambino. Milano (Garzanti) 1950
- Die Entdeckung des Kindes. Hg. von PAUL OSWALD und GÜNTER SCHULZ-BENESCH. Freiburg i. Br. (Herder) 1969, 8. Aufl. 1989

Antropologia pedagogica. Milano (Vallardi) 1910
- Pedagogical Anthropology. New York (Stokes) 1913

Dr. Montessoris Own Handbook. New York (Stokes) 1914
- Mein Handbuch. Grundsätze und Anwendung meiner neuen Methode der Selbsterziehung der Kinder. Stuttgart (Hoffmann) 1922

L'autoeducazione nelle Scuole Elementari. Continuazione del Volume: Il metodo della pedagogia scientifica applicato all'educazione infantile nelle case dei bambini. Roma (Maglioni e Strini) 1916
- The Advanced Montessori Method I: Spontaneous Activity in Education. II: The Montessori Elementary Material. New York (Stokes) 1917
- Montessori-Erziehung für Schulkinder I: Betätigungsdrang und Erziehung. Stuttgart (Hoffmann) 1926

- Schule des Kindes. Montessori-Erziehung in der Grundschule. Hg. von Paul Oswald und Günter Schulz-Benesch. Freiburg i. Br. (Herder) 1976, 2. Aufl. 1987

Das Kind in der Familie. Wien (Schöler) 1923
- Il bambino in famiglia. Todi (Tuderte) 1936
- Das Kind in der Familie und andere Vorträge. Hg. von der Deutschen Montessori-Gesellschaft. Stuttgart (Klett) 1954

I Bambini viventi nella Chiesa. Napoli (Morano) 1922
- The Child in the Church. Hg. von E. M. Standing. London (Sands) 1929
- Kinder, die in der Kirche leben. Hg. von Helene Helming. Freiburg i. Br. (Herder) 1964

La Vita in Cristo. Roma (Ferri) 1931

The Mass Explained to Children. London–New York (Sheed & Ward) 1932
- La santa Messa, spiegata ai bambini. Milano (Garzanti) 1949

God en het Kind. Heemstede (De Toorts) 1939

L'educazione e pace. Milano (Garzanti) 1949
- Frieden und Erziehung. Hg. von Paul Oswald und Günter Schulz-Benesch. Freiburg i. Br. (Herder) 1973
- Die Macht der Schwachen. Hg. von Paul Oswald und Günter Schulz-Benesch. Freiburg i. Br. (Herder) 1989 (Kleine Schriften Maria Montessoris 2)

The Secret of Childhood. London–New York (Longmans) 1936
- L'enfant. Paris–Bruges (De Brouwer) 1936
- Kinder sind anders. Hg. von Helene Helming. Stuttgart (Klett) 1952, 10. Aufl. 1978, Berlin 1980 (Ullstein Taschenbuch), München 1987 (dtv-Taschenbuch)

De l'enfant à l'adolescent. Paris–Bruges (De Brouwer) 1948
- Von der Kindheit zur Jugend. Hg. von Paul Oswald. Freiburg i. Br. (Herder) 1966, 3. Aufl. 1979

The Absorbent Mind. Adyar–Madras (The Theosophical Publishing House) 1949
- Das kreative Kind. Der absorbierende Geist. Hg. von Paul Oswald und Günter Schulz-Benesch. Freiburg i. Br. (Herder) 1972, 7. Aufl. 1989

Formazione dell'uomo. Milano (Garzanti) 1949
- Über die Bildung des Menschen. Hg. von Paul Oswald und Günter Schulz-Benesch. Freiburg i. Br. (Herder) 1966

3. Aufsatzsammlungen

BERTHOLD, MICHAEL (Hg.): Maria Montessori: Grundlagen meiner Pädagogik und weitere Aufsätze zur Anthropologie und Didaktik. Heidelberg (Quelle & Meyer) 1965, 5. Aufl. 1979

OSWALD, PAUL und GÜNTER SCHULZ-BENESCH (Hg.): Grundgedanken der Montessori-Pädagogik. Freiburg i. Br. (Herder) 1967, 9. Aufl. 1989

BÖHM, WINFRIED (Hg.): Maria Montessori. Texte und Diskussion. Bad Heilbrunn (Klinkhardt) 1971, 3. Aufl. 1985

OSWALD, PAUL und GÜNTER SCHULZ-BENESCH (Hg.): Montessori für Eltern: Eine Auswahl aus dem Werk Maria Montessoris. Ravensburg (Maier) 1974

SCHULZ-BENESCH, GÜNTER (Hg.): Maria Montessori: Spannungsfeld Kind–Gesellschaft–Welt. Auf dem Wege zu einer «kosmischen Erziehung». Freiburg i. Br. (Herder) 1979

OSWALD, PAUL und GÜNTER SCHULZ-BENESCH (Hg.): Maria Montessori: «Kosmische Erziehung». Freiburg i. Br. (Herder) 1988 (Kleine Schriften Maria Montessoris 1)

4. Biographien

MACCHERONI, ANNA: A True Romance: Dr. Maria Montessori as I knew her. Edinburgh (Montessori-Society) 1947

STANDING, EDWARD M.: Maria Montessori. London 1957, dt. Stuttgart (Klett) 1959

KRAMER, RITA: Maria Montessori. New York (Putnam) 1976, dt. München (Kindler) 1977, Frankfurt a. M. (Fischer Taschenbuch) 1983

5. Untersuchungen (seit 1969)

ARCAIS, GIUSEPPE FLORES DE: Pädagogik und Methode Maria Montessoris in der italienischen Pädagogik der Gegenwart. In: PAUL SCHEID, HERBERT WEIDLICH (Hg.): Beiträge zur Montessori-Pädagogik. Stuttgart 1977, S. 86–92

AURIN, MARGARETE: Das erste Montessori-Kinderhaus mit integrierter Erziehung in München. Erfahrungen bei den Kindern. In: THEODOR HELLBRÜGGE, MARIO MONTESSORI (Hg.): Montessori-Pädagogik und das behinderte Kind. München 1978, S. 289–295

BAINES, M. R. und J. R. SNORTUM: Time-sampling analysis of Montessori versus traditional classroom interaction. In: Journal Of Educational Research 66 (1973) H. 7, S. 313–316

BALL, T. S. und M. L. CAMPBELL: Effect of Montessori cylinder block training on aquisition of conservation (Techn. Note). In: Developmental Psychology 2 (1970) H. 1, S. 156

BAUMANN, HAROLD: Geschichtliche Hintergründe der Montessori-Piaget-Beziehungen. In: Montessori-Werkbrief 22 (1984) H. 1, S. 3–15

BAUMANN, HAROLD: Zeittafel zu Leben und Werk von Maria Montessori. In: Pro Juventute. Zeitschrift für Jugend, Familie und Gesellschaft 67 (1986) H. 4, S. 32

BERLINER, M. S.: Montessori and social development. In: Educational Forum 38 (1974) H. 3, S. 295–303

BERLINER, M. S.: Reason, creativity and freedom in Montessori. In: Educational Forum 40 (1975) H. 1, S. 7–21

BIRCHMEIER-NUSSBAUMER, A. K.: The significance of the Montessori-Method and phenomenon with a particular view to the therapy of the aphasis. In: Rehabilität 19 (1980) H. 2, S. 115–119

Bischöfliches Generalvikariat, Hauptabteilung Erziehung und Schule (Hg.): Montessori-Pädagogik in der Sekundarstufe. Aachen 1985

BJORKSTEN, C.: The preventive aspect of Montessori-based therapy. In: Nordisk Psykologi 34 (1982) H. 2, S. 153–159

BÖHM, WINFRIED: Maria Montessori. Hintergrund und Prinzipien ihres pädagogischen Denkens. Bad Heilbrunn 1969

BÖHM, WINFRIED: Wie modern ist Montessori? In: Die Bayerische Schule 25 (1972), S. 87–89, S. 113f

BÖHM, WINFRIED: Die historischen und systematischen Gründe für die weltweite Verbreitung der Montessori-Pädagogik. In: Das Kind 1973, H. 1, S. 3–10

BÖHM, WINFRIED: Montessori aktuell. Theorie und Praxis der Montessori-Pädagogik. In: Welt des Kindes 54 (1976) H. 5, S. 355–361

BÖHM, WINFRIED: Soziale Erziehung in der Montessori-Pädagogik. In: Pädagogische Rundschau 30 (1976) H. 11, S. 826–835

BÖHM, WINFRIED: Die Montessori-Philosophie und ihre erziehungspraktische Relevanz. In: HERMANN RÖHRS (Hg.): Die Schulen der Reformpädagogik heute. Handbuch reformpädagogischer Schulideen und Schulwirklichkeit. Düsseldorf 1986

BÖRJES, CORNELIA: Die Rezeption der Pädagogik Maria Montessoris in den USA nach 1945: Theoretische Konzepte, Probleme der Umsetzung in der Praxis, Forschungsschwerpunkte. Frankfurt a. M. 1981, Diss.

BRAINERD, S. M.: Rezension von PAULA POLK LILLARD: Montessori. A Modern Approach. In: Reading Teacher 26 (1972) H. 2, S. 233

BÜHRLEN-ENDERLE, ROTRAUT und BEATE IRSKENS: Lebendige Geschichte des Kindergartens. Eine «Bildungsreise» zu Oberlin, Fröbel, Montessori und Steiner. Frankfurt a. M. 1989

BURSTYN, J. N.: Rezension von RITA KRAMER: Maria Montessori. In: History of Education Quarterly 19 (1979) H. 1, S. 143–149

CALDWELL, C. A. und S. R. YUSSEN: Beliefs about teaching in Montessori and Non-Montessori preschool teachers. In: Journal of Teacher Education 32 (1981) H. 2, S. 41–44

CAMBON, J.: Rezension von PAULA POLK LILLARD: Montessori. A Modern Approach. In: American Psychologist 75 (1975) H. 1, S. 292f

CATARSI, ENZO: Maria Montessori at the Congress of Women in London 1899. In: OTTO VAG (Hg.): Historia infantiae. Bd. 2. Budapest 1986, S. 97–108

CHATTIN MCNICHOLS, J. P.: The effects of Montessori school experience. In: Young Child 36 (1981) H. 5, S. 49–66

COHEN, SOL: Maria Montessori: Priestess or pedagogic? In: Teacher's College Record NY 71 (1969) H. 2, S. 313–326

COHEN, SOL: Montessori comes to America, 1911–1917. In: Notre Dame Journal of Education 2 (1972) H. 4, S. 358–372

COHEN, SOL: The Montessori movement in England 1911–1952. In: History of Education (The journal of the history and education society) 3 (1974) H. 1, S. 51–67

DALICHOW, IRENE: «Pädagogik vom Kinde aus». Montessori-Schulen. In: betrifft: erziehung 15 (1982) H. 2, S. 34–39 und 15 (1982) H. 6, S. 38–41

DAUTEL, WOLFGANG: Kooperation zwischen einer Schule für Lernbehinderte und einer Hauptschule. Aufgezeigt am Beispiel der Maria Montessori-Schule (SfL) Ilshofen und der Hermann Merz-Schule (HS) Ilshofen. In: Lehren und Lernen 14 (1988) H. 12, S. 56–62

DEHE, MARLIES: Hilf mir, es selbst zu tun. Was hat Maria Montessori dem heutigen Kindergarten zu sagen? In: Kindergarten heute 10 (1980) H. 4, S. 172, S. 174, S. 176, S. 178, S. 180

DELMAN, J.: Rezension von PAULA POLK LILLARD: Montessori. A Modern Approach. In: PHI Delta Kappan 53 (1972) H. 9, S. 596

DENNER, ERIKA: Lehre mich, es selbst zu tun! Serie pädagogischer Entwürfe: Montessoris aktueller Beitrag zur frühen Persönlichkeitsentwicklung. In: Welt des Kindes 64 (1986) H. 4, S. 299–305

DENNER, ERIKA: Der heilpädagogische Ansatz im Werk Montessoris. In: Montessori-Werkbrief 26 (1988) H. 2, S. 57

DENNIS, P. A.: Levi-Strauss in Kindergarten. – Montessori preschooler as bricoleur. In: International Review of Education 20 (1974) H. 1, S. 3–16

DOWLEY, E. M.: Rezension von PAULA POLK LILLARD: Montessori. A Modern Approach. In: Contemporary Psychology 18 (1973) H. 11, S. 548–549

EASTWOOD, D.: Montessori and mainstream have much in common (Letter). In: Young Child 44 (1989) H. 3, S. 4

EDINGTON, R.: Montessori and teacher of children with learning disabilities. In: Academic Therapy 5 (1970) H. 3, S. 219–221

EISENBRAND, MARGARETE: Die soziale Dimension im Erziehungswerk Montessoris. Darstellung und Reflexion der aktuellen Geltung, aufgezeigt am Beispiel phänomenologischer Beobachtungen im Elementarbereich. Aachen 1987, Diss.

ELKIND, D.: Montessori Education – Abiding contributions and contemporary challenges. In: Young Child 38 (1983) H. 2, S. 3–10

ELSNER, HANS: Jeder hat das Recht, er selbst zu sein. Montessori-Schule. In: ILSE LICHTENSTEIN-ROTHER (Hg.): Jedem Kind seine Chance. Individuelle Förderung in der Schule. Freiburg i. Br. 1980, S. 14–28

ESSER, BARBARA und CHRISTIANE WILDE: Montessori-Schulen. Zu Grundlagen und pädagogischer Praxis. Reinbek 1989

FÄHMEL, INGRID: Zur Struktur schulischen Unterrichts nach Maria Montessori. Beschreibung einer Montessori-Schule in Düsseldorf. Frankfurt a. M. 1981

FEND-ENGELMANN, ELSBETH: Montessori-Pädagogik: Progressiv, aktuell? In: Wissenschaft in Hochschule und Schule 1972, S. 241–244

FISCHER, REINHARD: Lernen im non-direktiven Unterricht. Eine Felduntersuchung im Primarbereich am Beispiel der Montessori-Pädagogik. Bern 1982

FLEICH, GERTRAUD: Die Montessori-Pädagogik. Erfahrungen mit einer alternativen Idee? – Ein kritischer Bericht über eine Ausbildung. In: Behinderte 4 (1981) H. 2, S. 24f

FRITZ, MAGDALENE: Vorschulische Erziehung bei Montessori. In: Evangelische Kinderpflege 22 (1971), S. 132–140

FROHN, ROBERT: Reformpädagogische Ansätze im Kölner Schulwesen nach 1918. Rudolf Steiner und Maria Montessori in unserer Stadt. In: Jahrbuch des kölnischen Geschichtsvereins 51 (1980), S. 129–140

FROHN, ROBERT: Zwei Dokumente zur Montessori-Pädagogik. (Theorie und praxis) aus Köln – 1930. In: Montessori-Werkbrief. Köln 19 (1981) H. 1/2, S. 3–14

Fuchs, Britta und Waltraud Harth-Peter (Hg.): Montessori-Pädagogik und die Erziehungsprobleme der Gegenwart. Würzburg 1989

Fürnstahl, Gerlinde: Die Arbeit auf der Vorschulstufe in Anlehnung an die Montessori-Pädagogik. In: Unser Weg 41 (1986) H. 4, S. 121–126

Geigenberger, Gudrun: Ein Schulvergleich zwischen Montessori- und Regelschulen. Psychovegetative Symptomatik bei Schulkindern sowie Herzfrequenzverlauf, subjektives Befinden und Prüfungsangst in einer experimentellen Prüfungssituation. München 1982, Diss.

Gelderloos, P. und R. J. Lockie: Field Independence of Students at Maharishi-School-Of-The-Age-Of-Enlightment and a Montessori-School. In: Perceptual And Motor Skills 65 (1987) H. 3, S. 613f

Georg-Michael-Pfaff-Gedächtnisstiftung und Godeline Engbarth (Hg.): Erziehung ohne Zwang. Montessori-Vorschulversuch im Lehrkindergarten der Fachschule für Sozialpädagogik in Landstuhl. Kaiserslautern 1972

Günnigmann, Manfred: Montessori-Pädagogik in Deutschland. Bericht über die Entwicklung nach 1945. Freiburg i. Br. 1979

Gufler, Wolfgang: Psychopädagogische Fragen zur integrierten Erziehung behinderter und nichtbehinderter Kinder in der Montessori-Pädagogik. In: Theodor Hellbrügge und Mario Montessori (Hg.): Die Montessori-Pädagogik und das behinderte Kind, München 1978, S. 321–329

Guyer, B. P.: Montessori approach for elementary-age LD Child. In: Academic Therapy 10 (1974) H. 2, S. 187–192

Haies, P.: Rezension von Theodor Hellbrügge und Mario Montessori (Hg.): Die Montessori-Pädagogik und das behinderte Kind. In: Acta Pädopsychiatrica 44 (1979) H. 6, S. 351

Hainstock, Elisabeth G.: Montessori zu Hause. Freiburg i. Br. 1973

Halbfas, Hubertus: Zur Rezeption der Montessori-Pädagogik. In: Katechetische Blätter 112 (1987) H. 5/6, S. 403–408

Harbauer, H.: Rezension von Theodor Hellbrügge und Mario Montessori (Hg.): Die Montessori-Pädagogik und das behinderte Kind. In: Zeitschrift für Kinder- und Jugendpsychiatrie 7 (1979) H. 2, S. 174

Hartmannsgruber, Gertrud: Sozialerziehung durch Förderung nach Montessori-Prinzipien. Eine Fallstudie (Teil 1). In: Sonderpädagogik 17 (1987) H. 3, S. 124–132

Heiland, Helmut: Zur Fröbel-Diskussion. In: Pädagogische Rundschau 35 (1981) H. 7, S. 433–453

Hellbrügge, Theodor: Pädagogik ohne Angst. Erfahrungen aus der Montessori-Modellschule in München – Als Schulversuch der integrierten Erziehung gesunder und mehrfach verschiedenartig behinderter Kinder. In: Heilpädagogische Forschung. Zeitschrift für Erziehung und Unterricht behinderter Kinder und Jugendlicher 7 (1977) H. 1, S. 1–26

Hellbrügge, Theodor: Unser Montessori-Modell. Erfahrungen mit einem neuen Kindergarten und einer neuen Schule. München 1977, Frankfurt a. M. 1989

Hellbrügge, Theodor: Behinderte und gesunde Kinder lernen voneinander. Probleme der kindlichen Sozialisation bei integrierter Erziehung in einem Montessori-Kindergarten. In: Welt des Kindes 56 (1978) H. 7/8, S. 295–303

Hellbrügge, Theodor und Mario Montessori (Hg.): Die Montessori-Päd-

agogik und das behinderte Kind. Referate und Ergebnisse des 18. Internationalen Montessori-Kongresses, München 4.–8. Juli 1977. München 1978
HELLBRÜGGE, THEODOR: Vorwort zum 18. Internationalen Montessori-Kongreß. In: THEODOR HELLBRÜGGE und MARIO MONTESSORI (Hg.): Die Montessori-Pädagogik und das behinderte Kind. München 1978, S. 9–13
HELLBRÜGGE, THEODOR: Integrierte Erziehung durch Montessori-Heilpädagogik. In: RUPERT VIERLINGER (Hg.): Die Guten ins Töpfchen, die Schlechten...? Integration und Selektion in der Pflichtschulzeit; Symposion an der Universität Passau 1986. Passau 1987
HELMING, HELENE: Montessori-Pädagogik. Ein moderner Bildungsweg in konkreter Darstellung. Freiburg i. Br. 1958, 13. erg. Aufl. 1989
HELMING, HELENE: Eine Montessori-Schule. In: GÜNTER BRINKMANN u. a. (Hg.): Theorie der Schule, Bd. 1, Königstein 1980, S. 12–26 (Nachdruck aus: Aufgelockerte Volksschule, Bd. 2: Schulreformen und Schulsysteme. Worms 1960, S. 113–125)
HOLTSTIEGE, HILDEGARD: Leitvorstellungen zur repressionsarmen Erziehung in der Pädagogik Maria Montessoris. Ein Beitrag zur Gegenwartsdiskussion. In: Pädagogische Rundschau 29 (1975) H. 3, S. 267–295
HOLTSTIEGE, HILDEGARD: Modell Montessori. Grundsätze und aktuelle Geltung der Montessori-Pädagogik. Freiburg i. Br. ^{5}1989
HOLTSTIEGE, HILDEGARD: Bericht über eine Forschungsexkursion zur Situation der Sekundarstufe I und II in Montessori-Institutionen. In: Erziehungswissenschaft/Erziehungspraxis 1 (1985) H. 2, S. 28–33
HOLTSTIEGE, HILDEGARD: Studien zur Montessori-Pädagogik. Bd. 1: Maria Montessori und die «reformpädagogische Bewegung». Freiburg i. Br. 1986
HOLTSTIEGE, HILDEGARD: Studien zur Montessori-Pädagogik. Bd. 2: Maria Montessoris neue Pädagogik. Prinzip Freiheit, Freie Arbeit, Freiburg i. Br. 1987
HOLTSTIEGE, HILDEGARD: Der Beitrag zur «Neubelebung der Montessori-Pädagogik in Japan durch Erziehungswissenschaftler der Universität Münster». In: Montessori-Werkbrief 25 (1987) H. 4, S. 153
JEROLINO, MARIA: Das gesunde und das behinderte Kind bei Maria Montessori. In: Integrierte Erziehung (Zweite Neustifter Gespräche für Sozialpädiatrie, Sept. 1973) 1975, S. 47–56
JONES, ILSE: Möglichkeiten und Grenzen der Montessori-Pädagogik. Das Jugenderziehungskonzept der Maria Montessori in der Sekundarstufe I. Bern 1987
JÜHLKE, KARL JOSEF: Montessori und Freud: Versuch einer Verhältnisbestimmung von Montessori-Pädagogik und pädagogisch relevanten Konzeptionen der Psychoanalyse Freudscher Tradition. Münster/Westf. 1980, Diss.
JÜHLKE, KARL JOSEF: Schule – Muße oder Streß? – Eine Antwort aus der Sicht der Montessori-Pädagogik. In: Montessori-Werkbrief 19 (1981) H. 3/4, S. 75–85
JÜHLKE, KARL JOSEF: Zur Frage des «Materials» – Bericht über die Dozentenkonferenz vom 15.5.1981 in Köln. In: Montessori-Werkbrief 19 (1981) H. 3/4, S. 95–97
JÜHLKE, KARL JOSEF: Montessori und Piaget. In: Montessori-Werkbrief 22 (1984) H. 3/4, S. 149–155
JUSTUS, M. J.: Montessori Maria preached encourage. Don't praise years ago (Letter). In: Young Child 44 (1988) H. 1, S. 3
KAISER, EVA: Stellung und Aufgaben des Erziehers in der Montessori-Pädagogik. In: Theorie und Praxis der Sozialpädagogik 85 (1977) H. 6, S. 325–336

KALLERT, HEIDE, EVA-MARIA SCHLEUNING und CHRISTA ILLERT: Der Aufbau der kindlichen Persönlichkeit in den Entwicklungslehren von Maria Montessori und Rudolf Steiner. In: Zeitschrift für Pädagogik 30 (1984) H. 2, S. 633–645

KAMPHUES, GERTRUD: Montessori-Pädagogik 1927–1957–1987. In: Montessori-Werkbrief 25 (1987) H. 3, S. 124–129

KIRCHNER, S.: Rezension von PAULA POLK LILLARD: Montessori. A Modern Approach. In: Educational Leadership 30 (1979) H. 5, S. 491–493

KLASSEN, THEODOR F.: Der Erzieher als Material. Zur Funktion des Lehrers in der Montessoripädagogik. In: Pädagogische Rundschau 29 (1975) H. 7, S. 591–600

KLOSE, EDITH: Die Montessori-Pädagogik als Chance zur Integration. In: Behindertenpädagogik in Bayern 31 (1988) H. 2, S. 206–214

KOHLBERG, LAWRENCE: Montessori für kulturell Benachteiligte. Interpretation unter dem Aspekt der kognitiven Entwicklung und einige Untersuchungsergebnisse. In: R. HESS und R. M. BEAR (Hg.): Frühkindliche Erziehung. Weinheim 1972, S. 111–126

KOLLMER, LUCIE: Analyse des Sozial- und Arbeitsverhaltens mehrfach und verschiedenartig behinderter Kinder unter dem Aspekt der integrierten Erziehung. Beobachtungen in Modellkindergärten nach Maria Montessori. München 1985, Diss.

KOWALD, ROSA: Ungelenkte, differenzierte Schülerarbeit auf der ersten und zweiten Schulstufe. In: Unser Weg 40 (1985) H. 1/2, S. 30–37

KRAMER, RITA: Maria Montessori. Leben und Werk einer großen Frau. München 1977, Frankfurt a. M. 1989

KRATOCHWIL, LEOPOLD: Ausgewählte Innovationen und Animationen zur Weiterentwicklung der Grundschule. Unter besonderer Berücksichtigung der Pädagogik Maria Montessoris. In: Forum Pädagogik 1 (1988) H. 2, S. 63–75

LASSAHN, RUDOLF: Montessori-Pädagogik im Lichte neuer Forschung. In: Pädagogische Rundschau, 32 (1978) H. 6, S. 480–491

LAUFKÖTTER, E.: Kosmische Erziehung als Natur-, Technik- und Sachbegegnung im Kinderhaus. In: Montessori-Werkbrief 19 (1981) H. 3/4, S. 86–94

LAURIALA, ANNELI: Montessoripädagogik und Offener Unterricht in Finnland. In: Erziehungswissenschaft/Erziehungspraxis 3 (1987) H. 3, S. 14–17

LEONG, D. J.: Rezension von ELISABETH G. HAINSTOCK: Essential Montessori. In: Contemporary Psychology 24 (1979) H. 12, S. 1044f

LEOPOLD, MARGARETHA: Impulse zur inneren Reform der Schule durch die Reformpädagogin Maria Montessori. In: Unser Weg 40 (1985) H. 1/2, S. 24–30

LEUZINGER-SCHULER, AMALIE: Die Montessori-Methode. In: Pro Juventute. Zeitschrift für Jugend, Familie und Gesellschaft 67 (1986) H. 4, S. 15

LEWIS, R. M.: Rezension von MARIO M. MONTESSORI: Erziehung zum Menschen. In: Educational Forum 42 (1977) H. 1, S. 124–126

LILLARD, PAULA POLK: Montessori. A Modern Approach. New York 1972

LUDWIG, HARALD: Anregungen zur Ausländerpädagogik. Montessori-Pädagogik und Ausländerkinder. In: Welt des Kindes 61 (1983) H. 4, S. 303–311

LUDWIG, HARALD: Ausländerkinder an Montessori-Schulen. Bericht über eine Umfrage und Eindrücke bei Schulbesuchen. In: Katholische Bildung 86 (1985) H. 7/8, S. 394–402

LUDWIG, HARALD: Montessori-Pädagogik und interkulturelle Erziehung. In: Montessori-Werkbrief 23 (1985) H. 1/2, S. 34–41

LUDWIG, HARALD: Anregungen der Montessori-Pädagogik zur Gestaltung des Grundschulunterrichts mit deutschen und ausländischen Kindern. In: Sachunterricht und Mathematik in der Primarstufe 4 (1986) H. 6, S. 230–236

LUDWIG, HARALD: Montessori-Freiarbeit mit Ausländerkindern konkret. Aus der Praxis einer Montessori-Grundschule. In: Sachunterricht und Mathematik in der Primarstufe 14 (1986) H. 10, S. 385–392

MANSON, G. A.: Rezension von J. W. MEYER: Diffusion of an American Montessori Education. In: Geographical Review 66 (1976) H. 4, S. 491f

MCCORMIC, C. C. und J. N. SCHNOBRI: Perceptual-motor training and improvement in concentration in a Montessori-preschool. In: Perceptual and Motor Skills 32 (1971) H. 1, S. 71

MCDONALD, D. T.: Montessori Music für young children. In: Young Child 39 (1983) H. 1, S. 58–63

METZKER, H.: Rezension von THEODOR HELLBRÜGGE: Unser Montessori-Modell. In: Zeitschrift für Kinder- und Jugendpsychiatrie 12 (1984) H. 4, S. 413f

MIEZITIS, S.: Montessori-method – Some recent research. In: Interchange 2 (1971) H. 2, S. 41–59

MILTICHCONWAY, B. und R. OPENSHAW: The Montessori-method in the Wanganui Education Board District, 1911–24. In: New Zealand Journal of Educational Studies 23 (1989) H. 2, S. 189–201

MILZ, I.: Die Bedeutung der Montessori-Pädagogik für die Behandlung von Kindern mit Teilleistungsschwächen. In: Praxis der Kinderpsychologie und Kinderpsychiatrie 30 (1981) H. 1/2, S. 23–26

MONTESSORI, MARIO M.: Erziehung zum Menschen. Montessori-Pädagogik heute. München 1977, Frankfurt a. M. 1989

MONTESSORI, RENILDE und KARIN SCHNEIDER-HENN: Uns drückt keine Schulbank. Montessori-Erziehung im Bild. Stuttgart 1983

MÜLLER-HOHAGEN, INGEBORG: Fünf Jahre Montessori-Schule Sekundarstufe in München. In: Montessori-Werkbrief 23 (1985) H. 3, S. 99–107

NANDKISORE, ERIKA: Die Schulung der Sinne, dargestellt am Montessori-Sinnesmaterial. In: INGEBORG MILZ (Hg.): Teilleistungsschwächen bei Kindern und Jugendlichen. Frankfurt a. M. ²1989, S. 134–156

NEISE, KARL: Montessori-Erziehung in der Heilpädagogik. In: Zeitschrift für Heilpädagogik 25 (1974) H. 12, S. 713–726

NEISE, KARL: Empirische Untersuchungen über Effekte Montessori-orientierten Unterrichts bei geistig behinderten Schülern. In: Zeitschrift für Heilpädagogik 35 (1984) H. 6, S. 389–397

NICKLIN, H.: Rezension von L. L. GITTER: Ready your child for school – Montessori way. In: Academic Therapy 6 (1970) H. 2, S. 206–208

OBLINDER, HERMANN: Die Montessori-Schulen. In: Politische Studien 32 (1981) H. 257, S. 287–292

OCKEL, BRIGITTE: Individualisierter Unterricht, aber wie? Verwirklichung durch die Montessori-Pädagogik. In: Der katholische Erzieher 23 (1970), S. 9–11

OCKEL, BRIGITTE: Die soziale Interaktion mehrfach und verschiedenartig behinderter Kinder in der Münchener Montessori-Schule. In: THEODOR HELLBRÜGGE und MARIO MONTESSORI (Hg.): Die Montessori-Pädagogik und das behinderte Kind. München 1978, S. 313–320

OCKEL, BRIGITTE: Warum die Montessori-Pädagogik geeignet ist, verschiedenartig und mehrfach behinderte Kinder gemeinsam mit nichtbehinderten Kindern in der Schule lernen zu lassen. In: Behinderte in allgemeinen Schulen 1982, S. 83–91

ORTLING, PETER: Bericht aus einer Montessori-Schule. In: Pädagogische Welt 31 (1977) H. 1, S. 47f

ORTLING, PETER: Montessori in der gymnasialen Oberstufe (Montessori-Gesamtschule Krefeld). In: Montessori-Werkbrief 21 (1983) H. 3/4, S. 80f

OSWALD, PAUL: Die Anthropologie Maria Montessoris. Münster 1970

OSWALD, PAUL: Pädagogik als Wissenschaft nach der Auffassung Maria Montessoris. In: Vierteljahresschrift für wissenschaftliche Pädagogik 46 (1970), S. 135–146

OSWALD, PAUL: Der nichtendende Streit um Montessori. In: Welt des Kindes 49 (1971), S. 85–94

OSWALD, PAUL und REGINALD C. OREM (Hg.): Montessori heute. Die Aktualität einer großen Erziehungskonzeption. Gedanken und Reports zur Montessori-Renaissance in den USA. Ravensburg 1975

OSWALD, PAUL: «Kosmische Erziehung» in der pädagogischen Theorie Maria Montessoris. In: Beiträge zur Montessori-Pädagogik 1977, S. 122–138

OSWALD, PAUL und GÜNTER SCHULZ-BENESCH: Einige Hinweise zur Montessori-Literatur. In: Montessori-Pädagogik und das behinderte Kind 1978, S. 199–215

OSWALD, PAUL: Maria Montessori. In: Geschichte der Pädagogik des 20. Jahrhunderts, Bd. 2, Stuttgart 1978, S. 21–34

OSWALD, PAUL: Zur Gegenwartsbedeutung der Montessori-Pädagogik. In: Katholische Bildung 79 (1978) H. 1, S. 32–46

OSWALD, PAUL: Das Problem der sozialen Erziehung und der Beitrag Montessoris zu seiner Lösung. In: Katholische Bildung 81 (1980) H. 10, S. 526–538

OSWALD, PAUL: Montessori-Beiträge zu einer indirekten religiösen Erziehung. In: Katechetische Blätter 106 (1981) H. 1, S. 28–34

OSWALD, PAUL: Zum Lehrerbild Montessoris. In: Montessori-Werkbrief 19 (1981) H. 1/2, S. 27–32

OSWALD, PAUL: Der Freiheitsbegriff bei Maria Montessori. In: Montessori-Werkbrief 21 (1983) H. 3/4, S. 59–67

OSWALD, PAUL: Montessori in meinem leben. In: Montessori-Werkbrief 22 (1984) H. 3/4, S. 72–88

OSWALD, PAUL: «Montessori- bzw. Waldorfpädagogik»? Gemeinsames und Unterschiedliches in zwei pädagogischen Konzeptionen. In: Vierteljahresschrift für wissenschaftliche Pädagogik 1985, H. 1, S. 139–159

OSWALD, PAUL: Der Montessori-Traum vom Schulleben. In: Katechetische Blätter 110 (1985) H. 10, S. 754–760

OSWALD, PAUL: Die Pädagogik Maria Montessoris und Rudolf Steiners. (Zu dem Aufsatz von Kallert/Schleuning/Illert in H. 5/1984). In: Zeitschrift für Pädagogik 31 (1985) H. 3, S. 385–396

OSWALD, PAUL: Sprache und Spracherziehung bei Montessori. In: Montessori-Werkbrief 23 (1985) H. 3, S. 81–96

OSWALD, PAUL: Funktion und Bedeutung des Erziehers in der Montessori-Pädagogik. In: Montessori-Werkbrief 24 (1986) H. 3/4, S. 95–104

OSWALD, PAUL: Richtlinien für die Grundschule in NRW und die pädagogischen Konzeptionen von Peter Petersen und Maria Montessori. In: Montessori-Werkbrief 24 (1986) H. 1, S. 14–23

OSWALD, PAUL: Montessori-Pädagogik und religiöse Erziehung. In: Katechetische Blätter 112 (1987) H. 2, S. 116–122

Oswald, Paul: Religiöse Erziehung in der Konzeption Maria Montessoris. In: Montessori-Werkbrief 25 (1987) H. 1/2, S. 5–24

Oswald, Paul: Helene Helmings Montessoribuch. In: Montessori-Werkbrief 26 (1988) H. 1, S. 234–243

Oswald, Paul: Montessoris Konzeption einer «kosmischen» Erziehung. In: Katholische Bildung 90 (1989) H. 12, S. 653–664

Oy, Clara Maria von: Montessori-Material zur Förderung des entwicklungsgestörten Kindes. Heidelberg 1987

Park, Suk-Don: Die Montessori-Pädagogik in Verbindung mit den neuen Theorien und Tendenzen in der Sonderpädagogik im Hinblick auf die integrative Förderung und ihre Bedeutung für Koreas sonderpädagogische Praxis. Marburg 1989, Diss.

Passchier, N.: Rezension von J. W. Meyer: Diffusion of an American education. In: Tijdschrift voor Economische en Sociale Geografie 67 (1976) H. 4, S. 248

Peraya, D.: Rezension von L. Harlan: The wild child of Aveyron – Evolution of teaching from Itard to Montessori. In: Psychopathology Africaine 16 (1980) H. 1, S. 83–90

Pertsch, Reinhard: Analyse sozialer Lernsituationen: Entwicklung eines «Analysesystems sozialer Situationen zur Unterrichtsrevision» (ASSUR) und Erprobung an Unterrichtsdokumenten aus der Münchener Montessori-Schule. München 1979, Diss.

Phillips, S.: Montessori, Maria, and contemporary cognitive psychology. In: British Journal of Teacher Education 3 (1977) H. 1, S. 55–68

Platt, P.: Rezension von L. L. Gitter: Montessori approach to Art-Education. In: American Journal of Art Therapy 13 (1974) H. 2, S. 197–198

Prell, Siegfried und Paul Link: Das Münchener Modell der schulischen Integration behinderter und nichtbehinderter Kinder. Schulversuche nach Maria Montessori. In: Schulische Integration von Behinderten 1977, S. 302–327. (Nachdruck aus: Zeitschrift für Heilpädagogik 25 [1974], S. 619–644)

Punwar, A.: Rezension von Reginald C. Orem: Montessori and special child. In: American Journal of Occupational Therapy 24 (1970) H. 4, S. 300f

Radenberg, Ulrike: Maria Montessori. Eine vorbildliche Lehrerin. In: Miteinander leben lernen 11 (1986) H. 5, S. 45–51

Renda, Ernst-Georg: Montessori-Pädagogik aus heutiger Sicht. In: Die Höhere Schule 32 (1979) H. 12, S. 503–507

Röhrs, Hermann: Die progressive Erziehungsbewegung. Verlauf und Auswirkung der Reformpädagogik in den USA. Hannover 1977

Röhrs, Hermann: Fröbel und Montessori. Ein konstitutiver Beitrag zur Kleinkindererziehung. In: Paul Scheid und Herbert Weidlich (Hg.): Beiträge zur Montessori-Pädagogik. Stuttgart 1977, S. 75–85

Röhrs, Hermann: Der «Weltbund für Erneuerung der Erziehung» und die Montessori-Pädagogik. In: Theodor Hellbrügge und Mario Montessori (Hg.): Montessori-Pädagogik und das behinderte Kind 1978, S. 21–24

Röhrs, Hermann: Das pädagogische Konzept Maria Montessoris. Die permanente Diskussion. In: Internationale Zeitschrift für Erziehungswissenschaft, II N. F., 25 (1979) H. 1, S. 21–41

Röhrs, Hermann: Montessori, Maria. A Biographical Item. In: Prospects 12 (1982) H. 4, S. 524–530

Rüdiger, Dietrich: Aspekte einer «modernen» curricularen und entwicklungspsychologischen Artikulation des Montessori-Systems. In: Freie Bildung und Erziehung 48 (1972), S. 3–14

RUEHL, KARL: Maria Montessori in unserer Zeit. Zur 100. Wiederkehr ihres Geburtstages am 31. August 1970. In: Die Deutsche Schule 62 (1970) H. 7/8, S. 469–473

RUPRECHT, S.: Rezension von THEODOR HELLBRÜGGE: Unser Montessori-Modell. In: Gruppenpsychotherapie und Gruppendynamik 14 (1979) H. 2, S. 195

RUPRECHT, S.: Rezension von RITA KRAMER: Maria Montessori. Life and work of a great woman. In: Gruppenpsychotherapie und Gruppendynamik 14 (1979) H. 2, S. 195 f

RURIK, GERLIND: Montessori-Pädagogik und moderne Vorschulerziehung. In: Die Grundschule 3 (1971) H. 2, S. 40–46

RUTHENBERG, KLAUS und BRIGITTE OCKEL: Das Münchener Montessori-Modell. In: Neue Sammlung 14 (1974) H. 3, S. 289–310

SCHEID, GERNOT (Hg.): Festschrift zum hundertsten Geburtstag von Maria Montessori. Frankfurt a. M. (Deutsche Montessori Gesellschaft) 1970

SCHEID, PAUL und HERMAN JULIUS JORDAN (Hg.): Mehr Freude mit Kindern. Erfolgreiche Erziehung in der Familie nach Ideen von Maria Montessori. Freiburg i. Br. (Herder) 1969

SCHEID, PAUL: Ist Montessori noch zeitgemäß? In: Forum Erziehungswissenschaft 26 (1973) H. 1, S. 14–17

SCHEID, PAUL: Das Frankfurter Modell. In: PAUL SCHEID und HERBERT WEIDLICH (Hg.): Beiträge zur Montessori-Pädagogik. Stuttgart 1977, S. 7–26

SCHMOELZER, HILDEGUND: Jeder lernt vom anderen. Chancen für behinderte Kinder. Neue Perspektiven der Montessori-Idee. In: Rheinischer Merkur 29 (1974) H. 18, S. 14

SCHMUTZLER, HANS-JOACHIM: Bedeutung und Bildung der Phantasie bei Montessori. In: Montessori-Werkbrief 19 (1981) H. 3/4, S. 55–74

SCHMUTZLER, HANS-JOACHIM: Über die Bedeutung des Montessori-Materials für die Erziehung verhaltensauffällig-lernbehinderter Kinder. In: Montessori-Werkbrief 24 (1986) H. 2, S. 51–61

SCHMUTZLER, HANS-JOACHIM: Montessori-Pädagogik in der Primarstufe. Freiarbeit. In: Forum Erziehungswissenschaft 41 (1988) H. 7/8, S. 8–15

SCHMUTZLER, HANS-JOACHIM: Siebzig Jahre Montessori-Kinderhaus. Grundgedanken und Probleme der Montessori-Pädagogik. In: Archiv für angewandte Sozialpädagogik 9 (1978) H. 3, S. 207–222

SCHMUTZLER, HANS-JOACHIM: Freiarbeit in der Montessori-Pädagogik. Hamm 1989

SCHRÖDER, THEO F. C.: Die Geschwister Agazzi und Maria Montessori, eine vergleichende Analyse ihrer Erziehungskonzeptionen. Dargestellt im Zusammenhang der deutschen und italienischen Vorschulentwicklung in Verbindung mit einer empirischen Untersuchung. Frankfurt a. M. 1987

SCHULZ, WOLFGANG: Alternativen in der Regelschule. In: betrifft erziehung 17 (1984) H. 2, S. 37–44

SCHULZ-BENESCH, GÜNTER: Montessori-Pädagogik. In: Welt des Kindes 55 (1977) H. 2, S. 141–145

SCHULZ-BENESCH, GÜNTER: Montessori. Darmstadt 1980

SCHULZ-BENESCH, GÜNTER: Stimmen aus der Kirche zur Pädagogik Maria Montessoris. In: Montessori-Werkbrief 19 (1981) H. 1/2, S. 23–26

SCHULZ-BENESCH, GÜNTER: Das private Münstersche Montessori-Archiv. In: Montessori-Werkbrief 19 (1981) H. 3/4, S. 101–103
SCHULZ-BENESCH, GÜNTER: Das Schweigen in der Pädagogik Montessoris. In: Katholische Bildung 83 (1982) H. 6, S. 345–350
SCHULZ-BENESCH, GÜNTER: Kurzbericht über den Arbeitskreis «Montessoripädagogik und soziale Erziehung» auf dem Kongreß «Soziale Erziehung 1984» an der Universität Münster. In: Montessori-Werkbrief 22 (1984) H. 3/4, S. 156f
SCHULZ-BENESCH, GÜNTER: Streiflichter aus meiner Beschäftigung mit Montessori. In: Montessori-Werkbrief 22 (1984) H. 2, S. 43–47
SCHULZ-BENESCH, GÜNTER: Über «Freiarbeit» im Sinne Montessoris. In: Montessori-Werkbrief 22 (1984) H. 3/4, S. 97–115
SCHULZ-BENESCH, GÜNTER: Zur sozialen Erziehung bei Montessori. In: RUDOLF BIERMANN und WILHELM WITTENBRUCH (Hg.): Soziale Erziehung. Orientierung für pädagogische Handlungsfelder, Heinsberg 1986
SCHULZ-BENESCH, GÜNTER: Skizzen zum Bild der Montessori-Grundschule. In: Katholische Bildung 83 (1982) H. 3, S. 156–163
SCHWERDT, DIRK: Frühkindliche Sozialisation und die Rolle unbewußter Lernprozesse bei Montessori. In: Vierteljahresschrift für wissenschaftliche Pädagogik 49 (1973) H. 2, S. 116–122
SCHWERDT, DIRK: Psychische Aktivität im frühen Kindesalter und ihre anthroposophische Bedeutung. Ein Vergleich pädagogischer Ansätze Fröbels und Montessoris. In: Blätter des Pestalozzi-Fröbel-Verbandes 24 (1973) H. 4, S. 102–109
SCHWERDT, DIRK: Zur vorschuldidaktischen Bedeutung von Montessori-Prinzipien. In: Handbuch der Früh- und Vorschulpädagogik, Bd. 2, Düsseldorf 1978, S. 151–161
SEEFELDT, C.: Social and emotional adjustment of 1st Grade Children with and without Montessori-Preschool Experience. In: Child Study Journal 11 (1981) H. 4, S. 231–246
SESTER, HANS: Montessori-Pädagogik und die Hauptschule. In: Forum Erziehungswissenschaft 29 (1976) H. 4, S. 100–103
SESTER, HANS: Freie Arbeit in der Hauptschule. In: Neue Unterrichtspraxis 13 (1980) H. 3, S. 156–160
SESTER, HANS: 7mal freie Arbeit in der Hauptschule. Skizze eines einfachen Montessori-Modells für die Normalschule. Frankfurt a. M. 1985
STANDING, E. M.: Maria Montessori: Leben und Werk. Hg. von PAUL SCHEID. 2. Aufl. Oberursel/Taunus 1970
STANDING, E. MORTIMER: The Montessori Method – A Revolution in Education. Fresno 1962
STEPHENSON, MARGARET: Wie man am besten eine Montessori-Klasse aufbaut. In: Montessori-Werkbrief 22 (1984) H. 2, S. 35–37
STINGL, WOLFGANG: Pädagogik ohne Streß; am Beispiel der Montessori-Schule. In: Kinder im Schulstreß 1977, S. 165–171
STODOLSK, S. S. und AL KARLSON: Differential outcomes of a Montessori-Curriculum. In: Elementary School Journal 72 (1972) H. 8, S. 419–433
SUFFENPLAN, WILHELM: Empirische Untersuchungen über Effekte Montessori-orientierten Unterrichts bei lernbehinderten Schülern. In: Zeitschrift für Heilpädagogik 35 (1984) H. 6, S. 398–413
SUFFENPLAN, WILHELM: Thesen zur sonderpädagogischen Wirksamkeit der Montessori-Pädagogik. In: Montessori-Werkbrief 22 (1984) H. 2, S. 38–42

TRAZTKI-DANGEL, CHRISTEL: Die Montessoripädagogik als Grundlage für die integrative Erziehung hörgeschädigter Kinder. In: Hörgeschädigte Kinder 18 (1981) H. 2, S. 81–90

VEEN-BOSSE, BRIGITTE: Konzentration und Geist. Die Anthropologie in der Pädagogik Maria Montessoris. In: THERESIA HAGENMAIER u. a. (Hg.): Neue Aspekte der Reformpädagogik. Studien zur Anthropologie und Pädagogik bei Kerschensteiner, Dewey und Montessori, Heidelberg ²1968, S. 101–160

WAGNER-HOEHER, ULRIKE: Das Schulklima in Montessori-Schulen. In: Schule heute 1983, S. 8f

WEXLEY, K. und J. GUIDUBAL: Evaluation of Montessori and day-care programs for disadvantaged children. In: Journal of Educational Research 68 (1974) H. 3, S. 95–99

WHITE, J. M. und S. R. YUSSEN: Performance of Montessori and traditionally schooled nursery children on tasks of seriation, classification and conservation. In: Contemporary Educational Psychology 1 (1976) H. 4, S. 356–368

WILLCOTT, PAUL: The initial American reception of the Montessori method. In: The School Review. A journal of secondary education 76 (1968) H. 2, S. 147–165

WÖRNLE, ROMAN CHRISTOPH: Auswirkungen der gemeinsamen Unterrichtung behinderter und nichtbehinderter Kinder nach den pädagogischen Prinzipien von Maria Montessori auf Konzentrationsverhalten, Schulangst, Schulunlust, Schulleistungen und soziale Integration. München 1984, Diss.

WÜSTEFELD, WALTER: Montessoripädagogik als Lebenshilfe für gesunde und behinderte Kinder. In: Rehabilitation lernbehinderter Kinder und Jugendlicher. Bonn-Bad Godesberg 1976, S. 126–130

YUSSEN, S. R. und S. MATHEWS: Performance of Montessori and traditionally schooled nursery children on social cognitive tasks and memory problems. In: Contemporary Educational Psychology 5 (1980) H. 2, S. 124–137

ZIMMER, JÜRGEN: Acht Fragen zu vier Ansätzen der Pädagogik im Kindergarten. Antworten aus der Sicht der Waldorf- und Montessori-Pädagogik, des Situationsansatzes und der Psychoanalytischen Pädagogik. In: Theorie und Praxis der Sozialpädagogik 93 (1985) H. 5, S. 242–257

Namenregister

Die kursiv gesetzten Zahlen bezeichnen die Abbildungen

Arnold, Matthew 21

Baccelli, Guido 22
Benedikt XV., Papst 32
Bollnow, Otto Friedrich 136

Chomsky, Noam 115

Fichte, Johann Gottlieb 85
Franco, Francisco 73, 79
Freud, Anna 79
Freud, Sigmund 76
Fröbel, Friedrich 83f, 99, *84*

Gandhi, Mahatma 106
Giovanni, Achille de 34
Goldschmidt, Henriette *33*

Hessen, Sergius 136
Hitler, Adolf 79

Itard, Jean-Marc Gaspard 30, 34, 36f, 56, 58, *37*

Key, Ellen 94
Kilpatrick, William Heard 136
Kramer, Rita 11, 16, 18, 31f, 69f, 72, 99, 137
Krause, Karl Christian Friedrich 85

Leo XIII., Papst 22
Lombroso, Cesare 34, *35*

Maccheroni, Anna 11, 13, 17f, 21, 72, 74

Montesano, Giuseppe 31f, 34f
Montessori, Alessandro 9f, 16f, 22, 24, 73, *10*
Montessori, Mario 31f, 73, 76, 79, 107, 109f, 127, 137, *74/75, 102, 106*
Montessori, Renilde 9f, 15f, 31, 72, *10*
Mussolini, Benito 78f

Parkhurst, Helen 69, 73, 103, *74/75*
Pestalozzi, Johann Heinrich 85, 87, 91, *86*
Piaget, Jean 115
Pyle, Adelia 77

Rabinowitsch, Lydia *33*
Rousseau, Jean-Jacques 74

Séguin, Édouard 30, 34f, 36f, 56, 58f, *39*
Sergi, Giuseppe 34, 56
Spranger, Eduard 136
Standing, Edward M., 11f, 17, 21, 23f, 39, 71, 77, 127, 137
Stoppani, Antonio 9
Stritt, Marie *33*

Tagore, Rabindranath 106

Victor von Aveyron 36f, 39f, *38*
Victoria, Königin von Großbritannien und Irland 34
Vincent, Madame *33*
Vries, Hugo de 76, 97

Über den Autor

Helmut Heiland, geb. 1937 in Nürtingen, 1956 Abitur, danach Volksschullehrerstudium in Schwäbisch Gmünd; 1958 bis 1960 Lehrer an einer Landschule bei Schwäbisch Hall. 1960 bis 1965 Studium der Pädagogik, Philosophie und Geschichtswissenschaft in Tübingen und München, 1965 Promotion und Staatsexamen, 1969 bis 1972 Dozent, dann bis 1973 Prof. an der Pädagogischen Hochschule Ruhr, Abt. Dortmund. Seit 1974 o. Prof. für Schulpädagogik/Allgemeine Didaktik an der Universität Duisburg.

Monographien und Zeitschriftenbeiträge zur Lehrerausbildung, Schulpädagogik, Didaktik (1971, 1973, 1979) und zur Didaktik des Pädagogikunterrichts (1975, 1981). Herausgeber von Texten zur Allgemeinen Didaktik (1968, 1972) und zur Schultheorie (1974, 1980) sowie zu Fröbels Spielpädagogik (1974, 1982). Veröffentlichungen zur Geschichte der Pädagogik (1989), zur Geschichte der Vorschulerziehung (1987), insbesondere zur Pädagogik Fröbels und zur Fröbelforschung (1967, 1972, 1975, 1982, 1983, 1989, 1990) und zur «Fröbel-Montessori-Diskussion» (1981).

Quellennachweis der Abbildungen

Aus: Maria Montessori: Mein Handbuch. Stuttgart 1922: 6, 58
Der Verlag möchte der AMI (Association Montessori Internationale) in Amsterdam danken für die großzügige Unterstützung bei der Auswahl der Fotografien auf den Seiten: 10 o., 10 u., 12, 25, 29, 68, 74/75, 77, 80, 93, 102, 106
Prof. Dr. Rolf Bothe, Berlin: 14/15
Aus: Albert S. Lyons und R. Joseph Petrucelli II: Die Geschichte der Medizin im Spiegel der Kunst. Köln 1980: 19
Bilderdienst Süddeutscher Verlag, München: 33, 76, 108/109
Ullstein Bilderdienst, Berlin: 35
Collection INJS de Paris (Foto: J. P. Chalvin): 37
Aus: S. Krenberger: Itards Berichte über den Wilden von Aveyron. Wien 1913: 38
Aus: S. Krenberger (Hg.): Edward Séguin: Die Idiotie und ihre Behandlung nach physiologischer Methode. Wien 1912: 39, 40
Nienhuis Montessori International BV. Postbus 16, NL-7020 AA Zelhem: 42, 53, 66, 105
Barbara Esser, Düsseldorf: 45, 51 o., 60, 63, 64 o. 115, 125
Aus: Dorothy Canfield Fisher: Eine Montessori-Mutter. Stuttgart 1927: 47, 96, 97, 103
Aus: Maria Montessori: Selbsttätige Erziehung im frühen Kindesalter. Stuttgart 1913: 48, 56, 57, 62, 71
Rudi Otto, Wiesbaden: 51 u., 52, 59, 64 u., 114
Aus: Maria Montessori: Erziehung für Schulkinder. Stuttgart 1926: 78
Fröbelmuseum Bad Blankenburg/Thüringen: 84
Academia de San Fernando, Madrid: 86
Aus: Friedrich Fröbels gesammelte pädagogische Schriften. Hg. von Wichard Lange. Neudr. Osnabrück 1966: 88/89
Aus: Waldemar Döpel: Fröbelstätten in Thüringen. O. O. 1939: 90
Aus: Maria Montessori: Das Kind in der Familie. Überarb. Neuaufl. Stuttgart 1954: 95
Keystone, Hamburg: 107
Aus: Maria Montessori: Das kreative Kind. Der absorbierende Geist. Hg. von Paul Oswald und Günter Schulz-Benesch. Freiburg, Basel, Wien 1972: 116/117, 118/119
Aus: Mario Montessori: Meine Mutter Maria Montessori. In: Reader's Digest. Deutsche Ausg. 1965: 122/123
Aus: Renilde Montessori und Karin Schneider-Henn: Uns drückt keine Schulbank. Stuttgart (Klett-Cotta) 1983: 126
Privatsammlung: 128

rowohlts bildmonographien

Thema Literatur

Bernhard Jendricke
Alfred Andersch (395)

Erling Nielsen
Hans Christian Andersen (5)

Helene M. Kastinger Riley
Achim von Arnim (277)

Helmut Hirsch
Bettine von Arnim (369)

Gaëtan Picon
Honoré de Balzac (30)

Pascal Pia
Charles Baudelaire (7)

Christiane Zehl Romero
Simone de Beauvoir (260)

Klaus Birkenhauer
Samuel Beckett (176)

Bernd Witte
Walter Benjamin (341)

Walter Lennig
Gottfried Benn (71)

Klaus Schröter
Heinrich Böll (310)

Peter Rühmkorf
Wolfgang Borchert (58)

Marianne Kesting
Bertolt Brecht (37)

Ernst Johann
Georg Büchner (18)

Joseph Kraus
Wilhelm Busch (163)

Hartmut Müller
Lord Byron (297)

Morvan Lebesque
Albert Camus (50)

J. Rives Childs
Giacomo Casanova de Seingalt (48)

Elsbeth Wolffheim
Anton Cechov (307)

Anton Dieterich
Miguel de Cervantes (324)

Peter Berglar
Matthias Claudius (192)

Peter Nicolaisen
Joseph Conrad (384)

Kurt Leonhard
Dante Alighieri (167)

Johann Schmidt
Charles Dickens (262)

Klaus Schröter
Alfred Döblin (266)

Janko Lavrin
Fjodor M. Dostojevskij (88)

Peter Berglar
Annette von Droste-Hülshoff (130)

Heinrich Goertz
Friedrich Dürrenmatt (380)

Paul Stöcklein
Joseph von Eichendorff (84)

Johannes Kleinstück
T.S. Eliot (119)

Jürgen Manthey
Hans Fallada (78)

Peter Nicolaisen
William Faulkner (300)

Reinhold Jaretzky
Lion Feuchtwanger (334)

rororo bildmonographien

C 2058/7

rowohlts bildmonographien

Thema Literatur

Jean de la Varende
Gustave Flaubert (20)

Helmuth Nürnberger
Theodor Fontane (145)

Volker Hage
Max Frisch (321)

Franz Schonauer
Stefan George (44)

Claude Martin
André Gide (89)

Peter Boerner
Johann Wolfgang von Goethe (100)

Rolf-Dietrich Keil
Nikolai W. Gogol (342)

Nina Gourfinkel
Maxim Gorki (9)

Georg Bollenbeck
Oskar Maria Graf (337)

Heinrich Vormweg
Günter Grass (359)

Hermann Gerstner
Brüder Grimm (201)

Curt Hohoff
Johann Jakob Christoph von Grimmelshausen (267)

Martin Beheim-Schwarzbach
Knut Hamsun (3)

Kurt Lothar Tank
Gerhart Hauptmann (27)

Hayo Matthiesen
Friedrich Hebbel (160)

Detlef Brennecke
Sven Hedin (355)

Ludwig Marcuse
Heinrich Heine (41)

Georges-Albert Astre
Ernest Hemingway (73)

Bernhard Zeller
Hermann Hesse (85)

Ulrich Häussermann
Friedrich Hölderlin (53)

Gabrielle Wittkop-Ménardeau
E.T.A. Hoffmann (113)

Werner Volke
Hugo von Hofmannsthal (127)

Herbert Bannert
Homer (272)

Dieter Hildebrandt
Ödön von Horváth (231)

Theo Schumacher
Aldous Huxley (368)

Gerd Enno Rieger
Henrik Ibsen (295)

Francois Bondy
Eugène Ionesco (223)

Jean Paris
James Joyce (40)

Luiselotte Enderle
Erich Kästner (120)

Klaus Wagenbach
Franz Kafka (91)

Bernd Breitenbruch
Gottfried Keller (136)

C 2058/7 a

rowohlts bildmonographien

Thema Literatur

bildmono ro ro ro graphien

C 2058/7 b

Adolf Stock
Heinar Kipphardt
(364)

Curt Hohoff
Heinrich von Kleist (1)

Paul Schick
Karl Kraus (111)

Erika Klüsener
Else Lasker-Schüler
(283)

Richard Aldington
David Herbert Lawrence (51)

Curt Hohoff
Jakob Michael Reinhold Lenz (259)

Wolfgang Drews
Gotthold Ephraim Lessing (75)

Wolfgang Promies
Georg Christoph Lichtenberg (90)

Sybil Gräfin Schönfelt
Astrid Lindgren (371)

Thomas Ayck
Jack London (244)

Heribert Hoven
Malcolm Lowry (414)

Klaus Schröter
Heinrich Mann (125)

Uwe Naumann
Klaus Mann (332)

Klaus Schröter
Thomas Mann (93)

David A. Jackson
Conrad Ferdinand Meyer (238)

Walter Schmiele
Henry Miller (61)

Hans Egon Holthusen
Eduard Mörike (175)

Friedrich Hartau
Molière (245)

Martin Beheim-Schwarzbach
Christian Morgenstern
(97)

Wilfried Berghahn
Robert Musil (81)

Donald E. Morton
Vladimir Nabokov (328)

Otto Basil
Johann Nestroy (132)

Gerhard Schulz
Novalis (154)

Karen Baasch/ Helmuth Nürnberger
Oswald von Wolkenstein (360)

Hanns-Josef Ortheil
Jean Paul (329)

Walter Lennig
Edgar Allen Poe (32)

Claude Mauriac
Marcel Proust (15)

Gudrun Ziegler
Alexander S. Puschkin
(279)

Hans Oppermann
Wilhelm Raabe (165)

Michael Töteberg
Fritz Reuter (271)

Hans Egon Holthusen
Rainer Maria Rilke (22)

rowohlts bildmonographien

Thema Naturwissenschaft, Pädagogik, Medizin

Naturwissenschaft

Jochen Kirchhoff
Giordano Bruno (285)

Fritz Vögtle/Peter Ksoll
Maria Curie (417)

Johannes Hemleben
Charles Darwin (137)

Fritz Vögtle
Thomas Alva Edison (305)

Johannes Wickert
Albert Einstein (162)

Johannes Hemleben
Galileo Galilei (156)

Armin Hermann
Werner Heisenberg (240)

Adolf Meyer-Abich
Alexander von Humboldt (131)

Johannes Hemleben
Johannes Kepler (183)

Jochen Kirchhoff
Nikolaus Kopernikus (347)

Fritz Vögtle
Alfred Nobel (319)

Armin Hermann
Max Planck (198)

Medizin

Josef Rattner
Alfred Adler (189)

Wilhelm Salber
Anna Freud (343)

Rainer Funk
Erich Fromm (322)

Octave Mannoni
Sigmund Freud (178)

Gerhard Wehr
C. G. Jung (152)

Hans-Martin Lohmann
Alexander Mitscherlich (365)

Ernst Kaiser
Paracelsus (149)

Bernd A. Laska
Wilhelm Reich (298)

Pädagogik

Helmut Heiland
Friedrich Fröbel (303)

Wolfgang Pelzer
Janusz Korczak (362)

Max Liedtke
Johann Heinrich Pestalozzi (138)

Johannes Hemleben
Rudolf Steiner (79)

H.-D. Klumpjan/Helmut Klumpjan
Henry David Thoreau (356)

C 2057/7 b

rowohlts bildmonographien

Thema Philosophie

Wolfgang Heuer
Hannah Arendt (379)

J.M. Zemb
Aristoteles (63)

Silvia Markun
Ernst Bloch (258)

Marion Giebel
Marcus Tullius Cicero (261)

Rainer Specht
René Descartes (117)

Helmut Hirsch
Friedrich Engels (142)

Anton J. Gail
Erasmus von Rotterdam (214)

Hans-Martin Sass
Ludwig Feuerbach (269)

Wilhelm G. Jacobs
Johann Gottlieb Fichte (336)

Franz Wiedemann
Georg Wilhelm Friedrich Hegel (110)

Walter Biemel
Martin Heidegger (200)

Friedrich W. Kantzenbach
Johann Gottfried Herder (164)

H. Gumnior/R. Ringguth
Max Horkheimer (208)

Gerhard Streminger
David Hume (357)

Hans Saner
Karl Jaspers (169)

Uwe Schultz
Immanuel Kant (101)

Peter P. Rohde
Sören Kierkegaard (28)

Pierre Do-Dinh
Konfuzius (42)

Werner Blumenberg
Karl Marx (76)

Ivo Frenzel
Friedrich Nietzsche (115)

Albert Beguin
Blaise Pascal (26)

Gottfried Martin
Platon (150)

Georg Holmsten
Jean-Jacques Rousseau (191)

Ernst P. Sandvoss
Bertrand Russell (282)

Walter Biemel
Jean-Paul Sartre (87)

Wilhelm Mader
Max Scheler (290)

Jochen Kirchhoff
Friedrich Wilhelm Joseph von Schelling (308)

C 2054/7

rowohlts bildmonographien

Friedrich W. Kantzenbach
Friedrich Daniel Ernst Schleiermacher (126)

Walter Abendroth
Arthur Schopenhauer (133)

Gottfried Martin
Sokrates (128)

Jürgen Naeher
Oswald Spengler (330)

Theun de Vries
Baruch de Spinoza (171)

Georg Holmsten
Voltaire (173)

K. Wuchterl/A. Hübner
Ludwig Wittgenstein (275)

Thema Philosophie

C 2054/7 a